生涯学習社会の展開

中村香・三輪建二 編著

玉川大学出版部

はじめに

　本書は、社会教育関係の資格を取得したい人を主な対象とし、学校教育の教員をめざす人にも学んでもらいたいと願い、編集されている。教育基本法第3条に「国民一人一人が、自己の人格を磨き、豊かな人生を送ることができるよう、その生涯にわたって、あらゆる機会に、あらゆる場所において学習することができ、その成果を適切に生かすことのできる社会の実現が図られなければならない」という「生涯学習の理念」が掲げられている。学校教育を含む日本の教育政策や実践は、いまや、生涯学習の理念に基づいて展開されているのである。

　生涯学習とは、生まれてから死ぬまでの生涯にわたる自発的な学習のことである。そのため、個人的な営みと思われやすい側面があった。たしかに学習するのは個人であるが、個人の学習は、所属する組織、さらには社会の影響を受けるとともに、組織や社会を変える力ももっている。ゆえに本書では、一人ひとりの生涯にわたる学習を出発点に位置づけながらも、組織や社会の発展をも展望する「学習社会」の実現に向けて、生涯学習の諸相を考察することにしたい。

　今日の社会は、さまざまな面で変化が急速な「知識基盤社会」であるといわれている。社会の要請にしたがい、変化に受動的に対応するのみならず、社会のさまざまな課題を共同で学びあい、変化に柔軟に対応することが、また、知識を受け入れるのみならず、知を創造していくことが、個人・組織・社会の持続的な発展のためには不可欠になっている。ゆえに私たちは、生涯学習について、自らの学習のあり方や生き方とも関わらせながら考える必要がある。

　本書は5部構成であり、次の意図で構成されている。

第1部が、本書の序論的位置づけである。個人の学びのみならず、組織や社会の発展をも展望する学習の諸相を考えるいくつかの視点が示されている。

　第2部では、学校卒業後にも学び続けるおとなの学習者の学習特性や学習支援のあり方について考察する。ここでは、子どもの学習とおとなの学習の似ている点や異なる点について理解することがめざされる。

　第3部では、「学びあうコミュニティ」をキーワードに、地域において共同で学びあうことについて考察をする。地域では「教える－教わる」という、学校教育等で行われてきた学び方とは異なる学びが展開されるのはなぜかということを考えたい。

　第4部では、学習を通して社会とつながるとは具体的にどういうことなのか、さまざまな事例に基づいて考察する。社会の中で、社会の発展に向けて学ぶという考え方が意味するものについて、考えることになる。

　そして第5部が、本書のまとめであり、「学習社会」の実現に向けた課題として、格差、評価、公共性といったことばをキーワードに検討し、展望がまとめられている。

　なお本書は、知識を提供するテキストとして生涯学習の理論を紹介するというよりも、実社会における学習の複雑さやダイナミックさに基づいて、生涯学習や学習社会の意義を自らの人生や学習に引きつけた考察を促したいという意図で編集されている。編集に際しては、通信教育で自学自習をする学生にも学びやすいしくみを用意してみた。各部の扉には、その部で学ぶ概要が書かれているので、概要を読んでから本文に入っていただきたい。各章の冒頭には要点

はじめに

やキーワードが、また各章の終わりには「確認問題」と「より深く学習するための参考文献や資料」があるので、学習のガイドにして、発展的な学習にも挑戦してほしい。コラムには、理解を深める助けとなる事柄や事例が具体的に書かれている。そして巻末には、関連する法令や、キーワードを検索できるように索引を設けてあるので、これらを活用して、学習を深めてほしい。

　最後に、学習社会の実現を願いつつ、本書の刊行にあたりご協力を頂いた多くの方々に、心から感謝申し上げたい。

　2012年1月

中村　香
三輪建二

生涯学習社会の展開●目次

はじめに　1

第1部　個人の学びと組織や社会の発展　9

第1章　生涯学習理念の展開──10
1　生涯学習の定義　10
2　国際的な動向　12
3　生涯学習をとらえる視点　17

第2章　学習社会の構築──21
1　教育機会の構造　21
2　学校・家庭・地域の連携　25
3　社会教育　28
コラム1：男女共同参画は、女性のため？　36

第3章　生涯学習と職業──37
1　キャリア教育や職業教育の展開　37
2　「学習する組織」論の展開　40
3　学習社会の形成に向けて　44
コラム2：クリエイティブ・テンション　46

第2部　おとなの学習者の理解と学習支援　　47

コラム3：「おとな」とはどんな人？　48

第4章　**おとなの学習者と生涯発達**——49
1　おとなの学習者のとらえ方　49
2　おとなの成長と発達の可能性　51

第5章　**おとなの学習者の特性をふまえた学習理論**——58
1　アンドラゴジー　58
2　アンドラゴジーの発展的展開　63

コラム4：「〜あるべき」を問い直してみよう　74

第6章　**学習支援者の役割と学習方法**——75
1　学習の形態・方法　75
2　学習支援者の役割　77
3　省察的実践者とふり返り　80

コラム5：学校の先生も「おとなの学習者」!?　84

第3部　学びあうコミュニティ　　85

第7章　**地域における学びあいの展開**——86
1　地域の学習をとらえる視点　86
2　松川町における社会教育実践の展開　87
3　学習の構造　91

第8章　**学びあうコミュニティを育てる実践の理論**——96
1　さまざまな立場の成人学習論　96
2　省察的実践論と実践コミュニティ論　98

第9章　学びあうコミュニティを支える──104
　　　1　学びあうコミュニティを支えるコーディネーター　104
　　　2　生涯にわたる力量形成に大学が果たす役割　108
　　　コラム6：実践研究ラウンドテーブル　114

第4部　社会とつながる学び　　　　　　　　　　　　　　　115

第10章　変わる社会、学ぶ市民──116
　　　1　学びからみた個人と社会　116
　　　2　学習装置としてのNPO　120
　　　3　学びのネットワーク　125
　　　コラム7：人類の歴史は学びから始まった　129

第11章　おとなのボランティア活動と学び──130
　　　1　ボランティア活動は学習の舞台　130
　　　2　ボランティア活動を通した学習　132
　　　3　ボランティア活動を充実させるための学習　136
　　　コラム8：ボランティアのいらないボランティア構造　140

第12章　学習社会における子ども・若者の学び──141
　　　1　自己形成空間としての地域　141
　　　2　学校教育の新たな可能性　145
　　　3　教育の構造転換に向けて　149
　　　コラム9：「ゆとり世代」の復権　154

第5部　学習社会の課題と展望　　　155

第13章　**格差是正と評価**——156
　　1　格差是正の取り組み　157
　　2　学歴社会から学習社会に向かうための評価　160
　　3　評価から学習成果の社会的活用へ　163
　　コラム10：評価に代わる言葉を創り出してみよう！　167

第14章　**生涯学習の公共性と行政・高等教育機関の役割**——168
　　1　学習社会における新しい公共　168
　　2　新しい公共性実現のための行政の役割　172
　　3　新しい公共実現のための高等教育機関の役割　175
　　コラム11：臨機応変の力（ブリコラージュ）を身につけよう！　180

資　料　181
　教育基本法　182
　社会教育法　186
　博物館法　197
　図書館法　203

索　引　209

装幀：しまうまデザイン
制作：本作り空Sola

第1部　個人の学びと組織や社会の発展

　今日の日本では、「生涯学習」という言葉が広く普及している。たとえば、「生涯学習に関する世論調査」（2010年）によると、「生涯学習という言葉を聞いたことがある」と答えた人の割合は、80.5％であった。では、生涯学習について、どのようなイメージをもっているのだろうか。カルチャー・センターの講座やお稽古事での学習は、生涯学習に入るのだろうか。

　生涯学習とは、文字どおり考えると、生まれてから死ぬまでの生涯にわたる自発的な学習のことである。では、人はなぜ学び続ける必要があるのだろうか、あるいは続けたいと思うのだろうか。教育というと学校教育を思い浮かべる人が多いが、どのような学習機会が学校教育以外にあるのだろうか。

　第1部は、本書を通して生涯学習について考察していくための導入である。第1章で生涯学習の理念がいかに展開してきたのかをおさえたうえで、第2章では学習機会の構造と公的な社会教育について、また第3章では職業に焦点を当てて、学習機会の拡がりを見ていくこととする。個人の学びのみならず、組織や社会の発展をも展望する「学習社会」について考える視点を検討することとしたい。

英国のオックスフォードで見つけた絵葉書
Chris Donaghue, The Oxford Photo Library, Ref. CD109
「the more…, the more～」は「…すればするほど～」と訳す

〈第1部〉個人の学びと組織や社会の発展

第1章 生涯学習理念の展開

生涯学習という理念はいかに展開してきたのか。本章では、ユネスコやOECDで、生涯学習という理念がいかに展開してきたのかを明らかにし、生涯学習の意義と課題を考察する。生涯学習が唱えられるようになった経緯を理解し、自らにとっての学びのあり方を考えるきっかけにしてほしい。

キーワード ラングラン、学習社会、学習の4本柱、リカレント教育

1 生涯学習の定義

学生に「生涯学習」という言葉から思い浮かぶことを尋ねてみると、お年寄りの生きがい、ゲートボール、カルチャー・センターの講座、趣味、資格取得のための通信教育など、多様な意見が出てくる。このことからわかるように、生涯学習という言葉は、用いる人によってとらえ方が異なっている。そこで、法律や中央教育審議会答申（以下、答申）では、生涯学習がいかに定義されているのかを見ていくことにしよう。

生涯学習という理念が、日本で初めて公に定義されたのは、1981年の答申「生涯教育について」においてである。そこでは、生涯学習と生涯教育について、次のように述べている（表1-1参照）。

生涯学習とは、「各人が自発的意思に基づいて行うことを基本」とし、「自己の充実」や「生活の向上」のために、「自ら選んで、生涯を通じて行うもの」である。また「生涯教育とは、国民の一人一人が充実した人生を送ることを目指して生涯にわたって行う学習を助けるために、教育制度全体がその上に打ち立てられるべき基本的な理念」であり、このような考え方は、ユネスコ（国連教育科学文化機構）やOECD（経済協力開発機構）の考え方に基づくということである。

表1-1　生涯学習と生涯教育について

> 　今日、変化の激しい社会にあって、人々は、自己の充実・啓発や生活の向上のため、適切かつ豊かな学習の機会を求めている。これらの学習は、各人が自発的意思に基づいて行うことを基本とするものであり、必要に応じ、自己に適した手段・方法は、これを自ら選んで、生涯を通じて行うものである。その意味では、これを生涯学習と呼ぶのがふさわしい。
> 　この生涯学習のために、自ら学習する意欲と能力を養い、社会の様々な教育機能を相互の関連性を考慮しつつ総合的に整備・充実しようとするのが生涯教育の考え方である。言い換えれば、生涯教育とは、国民の一人一人が充実した人生を送ることを目指して生涯にわたって行う学習を助けるために、教育制度全体がその上に打ち立てられるべき基本的な理念である。
> 　このような生涯教育の考え方は、ユネスコが提唱し、近年、国際的な大きな流れとして、多数の国々において広く合意を得つつある。また、OECDが、義務教育終了後における就学の時期や方法を弾力的なものとし、生涯にわたって、教育を受けることと労働などの諸活動とを交互に行えるようにする、いわゆる"リカレント教育"を提唱したのも、この生涯教育の考え方によるものである。

中央教育審議会「生涯教育について（答申）」1981年

　中央教育審議会では、1981年以降にも学習社会への移行を推進するさまざまな提言を行ってきた。1984年に設置された臨時教育審議会（1985年〜1987年の3年間に、4次にわたって答申が出された）では、人生の初期に獲得した学歴によって評価される学歴社会を問い直し、生涯を通ずる学習機会が用意された社会や、働きつつ学ぶことのできる社会の重要性を説いている。1990年の答申「生涯学習の基盤整備について」においては、生涯学習を推進する留意点として、「各人が自発的意思に基づいて行うことを基本」とすること、「必要に応じ、可能な限り自己に適した手段及び方法を自ら選びながら生涯を通じて行う」こと、そして「学校や社会の中で意図的、組織的な学習活動として行われるだけでなく、人々のスポーツ活動、文化活動、趣味、レクリエーション活動、ボランティア活動などの中でも行われるもの」であるという3点にまとめている。また、1998年の答申「社会の変化に対応した今後の社会教育行政の在り方について」においては、「社会教育行政は、生涯学習社会の構築を目指して、その中核的な役割を果たしていかなければならない」と記している。

このような審議をふまえて、2006年に改正された教育基本法の第3条には、生涯学習の理念が次のように記されている。

（生涯学習の理念）
　第3条　国民一人一人が、自己の人格を磨き、豊かな人生を送ることができるよう、その生涯にわたって、あらゆる機会に、あらゆる場所において学習することができ、その成果を適切に生かすことのできる社会の実現が図られなければならない。

　つまり生涯学習とは、個人的な成長のみならず、社会のあり方をも展望した理念である。誰もが、いつでも、どこでも学習できるように生涯教育の機会が整い、学習成果を生かすことができる学習社会が、目標として設定されたということである。
　では、日本の教育政策にも影響を及ぼしたユネスコやOECDの考え方とはいかなるものか、次に、その動向を見ていくこととする。

2　国際的な動向

（1）ユネスコの「生涯教育論」
　1960年代に、欧米の成人教育に携わる人々の間で生涯にわたる学習を支える教育理念をまとめようとする運動がおこり、ユネスコの諮問機関であった「成人教育推進国際委員会」では、1965年にラングラン（Lengrand, P.）が、フランス語で永続教育を意味するl'éducation permanenteというタイトルのワーキング・ペーパーを提出した。彼はワーキング・ペーパーで、次のように説いている。

　　教育は、人間存在のあらゆる部門に行われるものであり、人格発展のあらゆる流れのあいだ——つまり人生——を通じて行われなくてはならない。こうして教育諸部門のあいだには活発にして、能動的な交流が行われるべきものである[1]。

ラングランは、長寿社会や知識基盤社会等の到来を見越して、人生のあらゆる時期という時間軸にそった「垂直的（vertical）」次元と、学校教育のみならず職業教育等のさまざまな学校外教育における学習機会の提供という「水平的（horizontal）」次元での教育機会の充実を説いているのである。

　1965年以降にも、ユネスコは生涯教育や成人教育に関する提言を行ってきた。1971年には教育開発国際委員会を発足させ、1972年には同委員会の報告書『未来の学習（Learning to be）』を取りまとめている。本報告書は、フランスの元首相・教育大臣のフォール（Faure, E.）が委員長であったことから、「フォール・レポート」と呼ばれている。

　フォール・レポートのタイトルとなっている learning to be とは、生涯学び続けることで、身体的・知的・情緒的・倫理的に統合された「完全な人間（the complete man）」に成る（be）ために学ぶということである。学歴・地位・財産などをもつ（have）ためにのみ学ぶのではないということである。同レポートでは、教育の発展と限界を歴史的・社会的に位置づけたうえで、「もし、自らの個人的および集団的解放を意識的に求めるような『完全な人間』を養成することに努力が集中されるならば、教育は、社会を変え、人間的なものにすることに、大いに貢献するであろう」[2]と述べ、「生涯教育」と「学習社会」という考え方を強調している。教育の目的・方法・構造を徹底的に再検討する必要性を説いているのである。

（2）「学習社会論」の展開

　「学習社会」とは、シカゴ大学総長であったハッチンス（Hutchins, R. M.）が1968年に刊行した著書『学習社会論（The Learning Society）』を契機に、世界に広まった概念である。同書で、学習社会とは「すべての人が、学ぶこと、何かを成し遂げること、人間的になることを目的とし、あらゆる制度がその目的の実現を志向するように価値の転換がなされた社会」[3]であると定義している。ハッチンスは市民が余暇に学んでいた古代アテナイの社会をふまえて、人間の本性として、生涯にわたり学習し続けることができるはずであると考えた。そして人間的であり続けるためには学習し続けることが大切であると説き、労働から解放された余暇社会で、人間らしく生きる学習の

あり方を提唱したのである。アテナイにおいては、教育は特定の時間、特定の場所、特定の時期に行われるものではなく、文化によって全人的教養が培われていたからである。

　つまり、学習社会とは、人生前半の学歴が重視される学歴社会から、成人期以降も学習できる社会へと、価値観や制度の転換がなされた社会ということである。

（3）「学習：秘められた宝」

　フォール・レポートのタイトルであるlearning to beや、学習社会という考え方は、元フランス大蔵大臣のドロール（Delors, J.）を委員長として1993年にユネスコに発足した「21世紀教育国際委員会」にも受け継がれた。同委員会は1996年に、21世紀の教育や学習のあり方として、『学習：秘められた宝（Learning: The Treasure Within）』という報告書を取りまとめている。

　「秘められた宝」というタイトルは、「農夫とその子ども達」というラ・フォンテーヌの寓話に基づいている。ある富裕な農夫が、死が近いことを悟り、子どもたちに「ご先祖様が残してくれた土地を売るようなことはせぬがよい。宝が隠してある」と語った。どこにあるかは知らぬが、収穫が終わり次第、根気よく、全体を掘り返せば、見つかるだろうということを伝えて、農夫は死ぬ。子どもたちは宝を見つけようとして、隅々まで丹念に掘り返した。その結果、1年後には畠が例年より豊作となり、「隠し金はなかったが、父親は賢明にも、死に先だって息子たちに教えたのだ。労働は宝であることを」という寓話である[4]。

　ドロール委員長は、本寓話に基づいて「学習は宝である」と述べている。人々の内に秘められた宝である潜在的諸能力や、未来への可能性を掘り起こすプロセスとして学習を位置付け、その大切さを説いているのである。

　では、いかに学習すれば、秘められた宝を得られるのだろうか。本報告書では、生涯を通じた「学習の4本柱」を掲げている。「知ることを学ぶ（learning to know）」「為すことを学ぶ（learning to do）」「（他者と）共に生きることを学ぶ（learning to live together、learning to live with others）」「人間として生きることを学ぶ（learning to be）」の4つであり、その概略は表1-

表1-2　学習の4本柱の指針と勧告

> (1) 生涯を通じた学習は、「知ることを学ぶ」、「為すことを学ぶ」、「共に生きることを学ぶ」、「人間として生きることを学ぶ」という四本柱を基とする。
> (2) 十分に幅の広い一般教養をもちながら、特定の課題については深く学習する機会を得ながら「知ることを学ぶ」べきである。このことはまた、教育が生涯を通じて与えてくれるあらゆる可能性を利用することが出来るように、いかに学ぶかを学ぶことでもある。
> (3) 単に職業上の技能や資格を取得するだけではなく、もっと広く、多様な状況に対処し、他者と共に働く能力を涵養するために「為すことを学ぶ」のである。このことはさらに、自分の生活する地域や国における個人的な社会経験や仕事の経験を通して、あるいは学習と労働を交互に行う過程を通して、青少年がいかに行動するべきかということも意味するのである。
> (4) 「共に生きることを学ぶ」ということは、一つの目的のために共に働き、人間関係の反目をいかに解決するかを学びながら、多様性の価値と相互理解と平和の精神に基づいて、他者を理解し、相互依存を評価することである。
> (5) 個人の人格を一層発達させ、自律心、判断力、責任感をもってことに当たることができるよう、「人間としていかに生きるかを学ぶ」のである。教育はそのために、記憶力、推理力、美的感覚、身体的能力、コミュニケーション能力といった個人の資質のどの側面をも無視してはならない。
> (6) ややもすると学校教育制度は、知識の獲得を重視するあまり、他の三つの柱を犠牲にしてしまうきらいがあるが、今やより包括的な教育の在り方を考えることが肝要なのである。この見地に立って、将来の教育（その内容も方法も）を改革し、政策を立案しなければならない。

ユネスコ「21世紀教育国際委員会」報告書『学習：秘められた宝』（天城勲監訳）、ぎょうせい、1997年、p.76

2のとおりである。学校教育で教員から教わることに慣れている人々にとっては、教員が語ることやテキストに書かれた内容を覚えることによる知識の獲得が学習であると思いがちであるが、「知ることを学ぶ」とは、「いかに学ぶかを学ぶ」という学び方自体から学ぶことである。また、知識の獲得のみならず、為すことや、異なる価値観の人々とも共に生き、「人間としていかに生きるかを学ぶ」ことが説かれている。そして「21世紀教育国際委員会」は、生涯学習が「21世紀の扉を開く鍵」であるとし、人々が学びたいときに学ぶ機会が提供される「学習社会」の構築を提唱している（次ページ表1-3参照）。

表1-3 「生涯学習」の指針と勧告

(1) 生涯学習の概念は、21世紀の扉を開く鍵であり、学校教育と継続教育という伝統的な区別を超えるものである。生涯学習は学習社会というもう一つの新たな概念と結びつく。学習社会においては、学習し、自己の能力を高めるために、あらゆることが機会を提供してくれるのである。
(2) このような新たな視点に立つとき、継続教育は、特に先進国においてこれまで果たしてきた再教育・再訓練、あるいは成人のための転職や昇進のための知識の更新といった役割を大きく超えるものとなる。すべての人に二度目・三度目の機会を与え、彼らの知識や美に対する欲求、あるいは自己を超えたいという欲求を満たす。かつ実践的な訓練を含む厳密な意味での職業訓練についてはそれを拡げて深めることができるようにする。異なった目的のために学習の門戸を開放するものでなければならない。
(3) 端的にいえば、「生涯学習」とは社会が提供するすべての機会を有効に利用すべきものなのである。

ユネスコ「21世紀教育国際委員会」報告書『学習：秘められた宝』（天城勲監訳）、ぎょうせい、1997年、p.88

（4）OECDの「リカレント教育論」

　ラングランに始まるユネスコの流れとは別に、OECDが、生涯教育・生涯学習の展開に果たした役割も大きい。OECDでは、1973年にリカレント教育に関する報告書を刊行した。

　同報告書では、教育を終えたら働き、一定の年齢になれば隠退するという、教育期→労働期→隠退期と人生を一方方向にとらえる「フロントエンドモデル」のライフサイクルを問い直し、教育期と労働期を柔軟に何度も繰り返すことができる「リカレントモデル」を提唱している。リカレントモデルでは、人々の潜在能力を開花させる可能性を高めることと、教育機会の世代間格差を是正することと、教育と労働の相互作用が意図されている。また、社会人にも教育を受けるための休暇を取得する権利があると、有給教育休暇制度の重要性をいち早く構想した。成人になると働かなければならないために、まとまった教育を受けにくくなるので、学校教育期間を終えても教育を受けられるように、学び直せる枠組みを示したということである。

　OECDでは、1973年以後にも、教育や労働に関するさまざまな研究や提言を行っている。たとえば1996年には『万人のための生涯学習（*Lifelong*

Learning for All）』を刊行し、1998年にはTertiary Education for All[5]という概念を打ち出している。Tertiary Educationとは、初等教育（Primary Education）、中等教育（Secondary Education）の次に位置づく「第三段階の教育」であり、高等教育（Higher Education）と継続教育（Continuing Education）を合わせた概念である。OECDでは、国際的な経済開発の視点に基づき、職業教育を軸に生涯にわたるキャリア開発を支える教育システムを再構築しようとしているのであり、生涯にわたる教育の展開ということのみならず、それを担う専門職の養成・研修を行う大学・大学院の改革をも意図しているのである。

3　生涯学習をとらえる視点

　生涯学習に関する国内外の動向をふまえると、生涯学習という理念は、生れてから死ぬまでの生涯にわたる学習を、個人的なこととらえるよりも、社会の中に位置づけ直しているといえる。本書を通して、生涯学習についての考察を深めていくにあたり、次の2点の視点を確認しておきたい。

（1）生涯教育と生涯学習

　生涯学習という理念は、ユネスコやOECDなどの国際機関がグローバルな観点から提唱する教育改革論に基づいており、旧来の学校教育のあり方や学校教育に偏重した教育観や社会のあり方を問い直している。日本においても、教育改革の意図を包含した概念として、生涯教育・生涯学習という理念が導入された。

　しかし今日では、教育政策について論ずる場合でも、教育と学習を使い分けずに、生涯学習という言葉が用いられるようになってきた。生涯学習のほうが、個人の主体性を尊重した表現として好まれるのかもしれないが、生涯教育を生涯学習に安易に置き換えるのは、適切とはいえない。生涯教育とは、1981年の答申に記されていたとおり、「国民の一人一人が充実した人生を送ることを目指して生涯にわたって行う学習を助けるために、教育制度全体がその上に打ち立てられるべき基本的な理念」（11ページ表1-1参照）であ

り、学習者よりも教育者側のあり方についての理念である。生涯学習という言葉を用いて、個人の主体性や自発性に重きを置きすぎると、国及び地方公共団体が担うべき教育責任の範囲が不明確になりかねない。

今日では新自由主義的な考え方が社会教育にも入ってきており、さまざまな学習機会が商品化されているとともに、公民館等の社会教育施設においても受益者負担の考え方が広まっている。同答申では、生涯にわたって自己に適した手段・方法を自らが選んで学習するように説かれていたが、たとえば費用の面のみを見ても、誰もが選べるだけの選択肢が用意されているのだろうか。生涯学習という言葉を用いて、自己責任や主体性を強調しすぎると、教育格差を拡大させることにもなりかねないということである（第13章参照）。

（2）教育や社会システムの変革

生涯学習の理念では、さまざまな社会的変化に能動的に対応するために学び続けることの意義が説かれているとともに、社会変革をも意図されている。

今日の日本においては、キャリア教育・職業教育のあり方が問題となっているので、職業教育を例に考えてみると、ラングランの後継者となったジュルピ（Gelpi, E.）の生涯教育論が示唆に富む。彼は、「もしわれわれが職業教育についての考えを推し進めたいのであれば、一般教育と職業教育の統合の要求、あるいは職業訓練のさらなる量的発展の要求の水準にとどまっているわけにはいかない。われわれは教育システム全体の改革に向かって眼を注ぐ勇気を持たねばならない」[6]と説いている。彼の生涯教育論は、フレイレ（Freire, P.）やイリッチ（Illich, I.）らにつながる問題意識に基づいており、被抑圧者の解放や教育制度改革を意図している。「変化への適応のための教育」という対症療法的な教育を問い直し、「不断の知識の獲得とこれらの知識の実践的利用によって、経済的、教育的、文化的、政治的支配を告発することも可能」であると、また、「生涯教育は、草の根からの活動の新しいシステムへの調整と文化運動を要求する闘争となる」[7]と述べている。

『学習：秘められた宝』を取りまとめたドロール委員長が記すとおり、今日の社会には世界的なものと地域的なもの、普遍的なものと個人的なもの、

伝統と現代性、長期的なものと短期的なもの、競争原理の必要と機会均等の配慮、知識の無限の発展と人間の同化能力、そして精神的なものと物質的なもののような、克服すべきさまざまな緊張関係がある。彼は、それらの現代的課題を克服するためにも教育には使命があると、また、学習社会への移行が必要であると説く一方で、さまざまな反目が混在する今日の社会において、学習社会は、ユートピア（理想郷）であるとも述べている。「冷笑や諦観が支配する悪循環から抜け出すには、どうしても不可欠なユートピア」[8] なのである。個人と社会は切り離せないことをふまえて、一人ひとりが教育や学習のあり方をとらえ直すことで、学習社会を志向できるのではないだろうか。

　第1章では、生涯学習の理念が日本でいかに展開してきたのか、ユネスコやOECDの交際的な動向をふまえて考察してきた。その結果、生涯学習は、生涯教育や社会システムとともに、複眼的にとらえていくことが大事であると考えられた。では、生れてから死ぬまでにどのような学習機会があるのだろうか。21世紀に入ってからの動向もふまえ、次章で見ていくことにしよう。

確認問題

（1）生涯学習の理念は、いかに展開してきたのか。
（2）生涯教育と生涯学習の違いは何か。
（3）「学習の4本柱」とは何か。

〈註〉
1) 波多野完治訳「生涯教育について」（ユネスコ国内委員会『社会教育の新しい動向——ユネスコの国際会議を中心として』1967年収蔵）。
2) ユネスコ教育開発国際委員会『未来の学習』国立教育研究所内フォール報告書検討委員会訳、第一法規出版、1975年、p.86。
3) Hutchins, R.M., (1968) *The Learning Society*, New York: Frederic A. Praeger, p.134.
4) ラ・フォンテーヌ『寓話（上）』今野一雄訳、岩波書店、1972年。

5）OECD（1998）*Redefining Tertiary Education*, p.37.
6）E. ジュルピ『生涯教育——抑圧と解放の弁証法』前平泰志訳、東京創元社、1983年、p.159。
7）同前、p.20。
8）ユネスコ「21世紀教育国際委員会」報告書『学習：秘められた宝』天城勲監訳、ぎょうせい、1997年、p.14。

〈より深く学習するための参考文献や資料〉
・巻末に掲載された法律や、生涯学習に関する答申（文部科学省のウェブサイトで検索できる）を確認してみよう。

第2章　学習社会の構築

> ラングランは、人生のあらゆる時期という時間軸に沿った「垂直的」次元と、さまざまな学習機会の提供という「水平的」次元での教育機会の充実を説いていたが、それは具体的にどういうことか。
> 本章では、生涯教育の構造を整理したうえで、学習社会の構築に向けた公的な社会教育の役割や課題について考察する。

キーワード　社会教育、知識基盤社会、知の循環型社会、学校・家庭・地域の連携

1　教育機会の構造

　生まれてから死ぬまでに、どのような学習機会があるのだろうか。本節では、生涯学習を支える教育機会の構造を、家庭教育・学校教育・社会教育、またフォーマルな教育・ノンフォーマルな教育・インフォーマルな教育という観点で整理してみることにしよう。

(1) 家庭教育・学校教育・社会教育

　日本における教育は、政策上、家庭教育・学校教育・社会教育に大別することができ、それぞれの関係性は、次ページ図2-1のとおりである。図2-1は、生涯にわたる時間軸を垂直的次元として縦軸にとり、さまざまな学習機会という水平的次元を横軸にとり、生涯教育・生涯学習機会の構造を表現している。色のついている部分が各年齢段階の中心的な部分であるが、実際にはあらゆる年齢段階において、すべての教育領域を利用できるので、白い部分が全年齢層に広がっている。学校教育の部分が3歳から始まるのは、学校教育法においては幼稚園も学校教育に含まれるからである。また社会教育については、学校・家庭以外の場である社会で提供される教育の総称と広義にとらえており、公民館等の行政が提供する社会教育のみならず、カルチャー・センター、企業内教育などの学校教育以外の組織的な教育活動をすべて

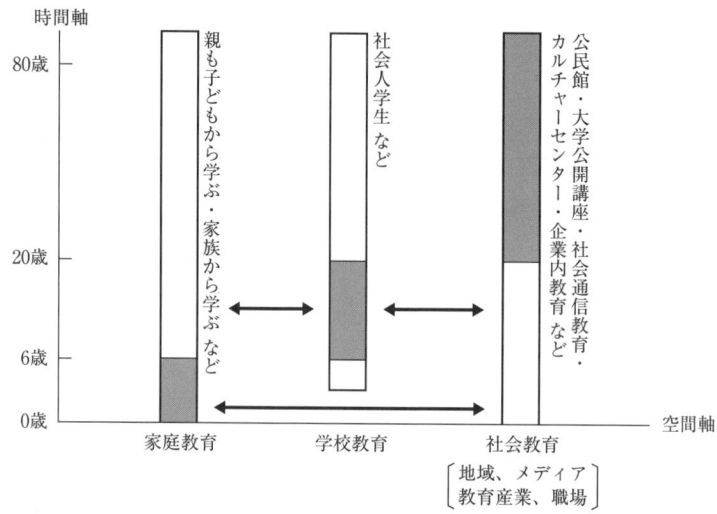

図2-1　時間軸と空間軸から見た生涯学習の機会
田中雅文他『テキスト生涯学習』学文社、2008年、p.3

含むものとしている。

　この図が、生涯にわたる学習機会を考えるうえで示唆に富む点は、縦軸にも横軸にも教育の相関性を表現している点である。家庭教育においては、親から子への教育のみならず、親も子どもから学ぶことや家族間での学びあいがあることが示されている。また、左右に向いた矢印で、異なる教育領域間の協力関係が示されている。今日では、次ページの表2-1のとおり、学校・家庭・地域の連携が、政策的にも打ち出されていることをふまえると、親子の学びあいのような学習の循環性や、異世代などの多様な他者との交流に基づく生涯学習という視点が重要になってくる。それは、ユネスコが説く「学習の4本柱」の「共に生きることを学ぶ」や「人間として生きることを学ぶ」にもつながる視点である（第1章参照）。

表2-1　学校・家庭・地域の連携に関する法改正や政策動向

教育基本法（2006年改正） 　　第13条「学校、家庭および地域住民その他の関係者は、教育におけるそれぞれの役割と責任を自覚するとともに、相互の連携及び協力に努めるものとする」 **中央教育審議会答申「新しい時代を切り拓く生涯学習の振興方策について」（2008年）** 　「学校・家庭・地域が連携するための仕組みづくり」 　学校支援地域本部を全国1800か所に設置開始。 **社会教育法（2008年改正）** 　　第3条第3項「社会教育が学校教育及び家庭教育との密接な関連性を有することにかんがみ、学校教育との連携の確保に努め、及び家庭教育の向上に資することとなるよう必要な配慮をするとともに、学校、家庭及び地域住民その他の関係者相互間の連携及び協力の促進に資することとなるよう努めるものとする」 　　第9条の3第2項「社会教育主事は、学校が社会教育関係団体、地域住民その他の関係者の協力を得て教育活動を行う場合には、その求めに応じて、必要な助言を行うことができる」

（2）フォーマル・ノンフォーマル・インフォーマルな教育・学習

　学校教育・社会教育・家庭教育からなる教育は、その教育形態に基づいて、「フォーマルな教育（formal education）」「ノンフォーマルな教育（non-formal education）」「インフォーマルな教育（informal education）」の3つに分類することができる。また、ノンフォーマルな教育やインフォーマルな教育に基づく学習を、それぞれに「ノンフォーマルな学習」「インフォーマルな学習」と呼ぶ。

　フォーマルな教育とは、学校教育法に基づく公的な教育であり、学校教育法第1条には、「この法律で、学校とは、幼稚園、小学校、中学校、高等学校、中等教育学校、特別支援学校、大学及び高等専門学校とする」と定義されている。今日では、子育てや家事に一段落をした人や定年退職後の人、また、教員免許・社会教育主事・学芸員・司書等の資格を取得するために、大学の通信教育課程で学ぶ人の姿を見かけることが多くなっている。単位や学位、また教員・学芸員等の公的な資格を取得できる、大学の通信教育課程で行われる教育は、フォーマルな教育である。また、通信教育課程のみならず、通学課程の大学や大学院においても、社会人入試制度などを実施して社

会人に広く門戸を開くようになってきているとともに、経営大学院・法科大学院・教職大学院などの専門職を養成する大学院も多数開設されている。

　今日ではカルチャー・センターなどの民間教育機関が、さまざまな資格に関する講座を通信教育で開講しているため、フォーマルな教育とノンフォーマルな教育を混同しやすい。具体的に述べると、たとえば、玉川大学通信教育部や放送大学で開講されている、単位を取得できる通信教育は、学校教育法に基づくフォーマルな教育である。一方で、多くの大学に設置されている「生涯学習センター」や玉川大学の「継続学習センター」などで開講されている、市民が1講座ごとに申し込める教育は、大学内で行われていてもノンフォーマルな教育である。

　ノンフォーマルな教育とは、フォーマルな教育以外の意図的・組織的・体系的な教育である。公民館などの社会教育施設やカルチャー・センターなどの民間教育機関が提供する講座、大学の公開講座、新入社員教育のような企業で行われる集合研修も、ノンフォーマルな教育である。

　インフォーマルな教育とは、組織性や体系性の弱い、偶発的で無意図的な教育であり、家庭教育はその典型である。また、社員が日常業務を遂行する中で、先輩社員のアドバイスなどを得ながら実践的に学ぶ教育訓練（OJT: On the Job Training）は、インフォーマルな教育である。

　なお、実生活においては、この3つの教育が明確に分かれるわけではなく、相互に影響し合っている。大学生を例に考えてみると、大学の講義はフォーマルな教育であるが、学生は講義以外の休み時間に学食で友人とアルバイトや部活動について話すことで、人間関係などのさまざまなことをインフォーマルに学んでいる。また、講義がない夏休みなどには、アルバイト先でノンフォーマルな教育である集合研修に参加することや、先輩社員の言動からインフォーマルに学ぶこともある。そのような多様な教育機会における学習が影響し合い、人は成長するのであり、今日では学校教育・家庭教育・社会教育の連携の重要性が唱えられている。

2　学校・家庭・地域の連携

　学校、家庭、そして社会教育が行われる地域との連携が重要視されていることは、今日の政策動向からも明らかであり（23ページ表2-1参照）、「知の循環型社会」の構築が提唱されている（次ページ図2-2参照）。

(1) 知の循環型社会
　知の循環型社会の構築については、2008年の中央教育審議会答申「新しい時代を切り拓く生涯学習の振興方策について」で提唱された。今日は、「狭義の知識や技能のみならず、自ら課題を見つけ考える力、柔軟な思考力、身に付けた知識や技能を活用して複雑な課題を解決する力及び他者との関係を築く力等、豊かな人間性を含む総合的な『知』が必要」となる「知識基盤社会（knowledge-based society）」であると考えられるからである。そのような社会においては、「国民一人一人の生涯を通じた学習の支援」と「社会全体の教育力の向上」がめざすべき施策の方向性であり、次の3つの視点が必要であることが示されている。
　①「個人の要望」と「社会の要請」のバランスの視点
　②「継承」と「創造」などを通じた持続可能な社会の発展をめざす視点
　③　連携・ネットワークを構築して施策を推進する視点

(2) 生涯学習振興行政・社会教育行政の再構築
　本答申は2部構成になっており、第2部は、「施策を推進するにあたっての行政の在り方」についてまとめられている。要点のみを抜粋して記すと、次のとおりである。
　①国、都道府県及び市町村の任務の在り方等
　　・子どもの健全育成をはじめとする教育の目的を実現する上で大きな役割を担っている学校・家庭・地域住民等が、相互に連携・協力に努めることについて新たに規定されたことを考慮し、三者の連携について社会教育行政の任務として明確に位置付けることが必要である。（p.39）

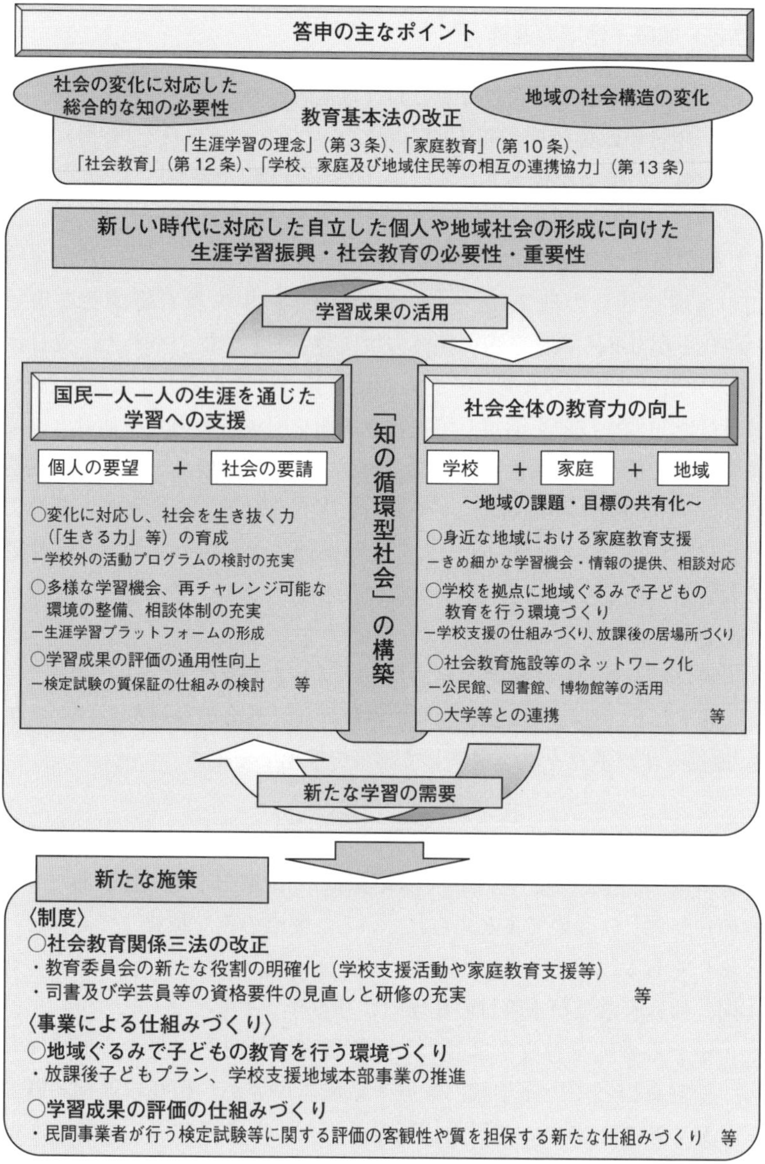

〈第1部〉個人の学びと組織や社会の発展

答申の主なポイント

社会の変化に対応した総合的な知の必要性　　地域の社会構造の変化

教育基本法の改正
「生涯学習の理念」（第3条）、「家庭教育」（第10条）、
「社会教育」（第12条）、「学校、家庭及び地域住民等の相互の連携協力」（第13条）

新しい時代に対応した自立した個人や地域社会の形成に向けた生涯学習振興・社会教育の必要性・重要性

↓学習成果の活用

国民一人一人の生涯を通じた学習への支援	「知の循環型社会」の構築	社会全体の教育力の向上
個人の要望 ＋ 社会の要請		学校 ＋ 家庭 ＋ 地域 ～地域の課題・目標の共有化～
○変化に対応し、社会を生き抜く力（「生きる力」等）の育成 －学校外の活動プログラムの検討の充実 ○多様な学習機会、再チャレンジ可能な環境の整備、相談体制の充実 －生涯学習プラットフォームの形成 ○学習成果の評価の通用性向上 －検定試験の質保証の仕組みの検討　　等		○身近な地域における家庭教育支援 －きめ細かな学習機会・情報の提供、相談対応 ○学校を拠点に地域ぐるみで子どもの教育を行う環境づくり －学校支援の仕組みづくり、放課後の居場所づくり ○社会教育施設等のネットワーク化 －公民館、図書館、博物館等の活用 ○大学等との連携　　　　　　　　　等

↑新たな学習の需要

↓

新たな施策

〈制度〉
○社会教育関係三法の改正
・教育委員会の新たな役割の明確化（学校支援活動や家庭教育支援等）
・司書及び学芸員等の資格要件の見直しと研修の充実　　　　　　等
〈事業による仕組みづくり〉
○地域ぐるみで子どもの教育を行う環境づくり
・放課後子どもプラン、学校支援地域本部事業の推進
○学習成果の評価の仕組みづくり
・民間事業者が行う検定試験等に関する評価の客観性や質を担保する新たな仕組みづくり　等

図2-2　答申の主なポイント
中央教育審議会「新しい時代を切り拓く生涯学習の振興方策について」2008年

・教育委員会の事務に社会教育に係る情報の収集、整理及び提供に関する事項を社会教育行政の任務として明確に位置付けることが必要である。(p.40)

②社会教育を推進する地域の拠点施設の在り方
・特に、公民館、図書館、博物館、青少年教育施設、女性教育施設等の社会教育施設は、地域の社会教育の拠点として、積極的に活用される必要がある。(p.41)
・社会の変化に対応し、各個人や社会全体の新たなニーズに積極的に応えていくことが求められている。(p.41)

③生涯学習・社会教育の推進を支える人材の在り方
・行政の職務に従事する専門的職員である社会教育主事、司書、学芸員の在り方について見直すべき点がないか検討することや、社会教育団体等のNPO、地域において様々な学習活動を支援する人材や他の行政分野の職員等も含め、これらの地域の人材全体でどのように国民の学習ニーズを支えていくかが課題となっている。(p.44)
・社会教育に関わる専門的な人材の在り方全体を今後どのように考えるかということとあわせて検討する必要がある。(p.48)
・地域における学習活動の支援や社会全体の教育力の向上を図るためには、行政や社会教育施設の専門的職員のみならず、地域の人材がこれらの専門的職員と連携し、学習活動が円滑に行われるように地域全体で仕組みづくりを行う必要がある。(p.48)

④NPO、民間事業者等と行政の連携のあり方
・生涯学習振興行政・社会教育行政においては、様々な学習機会の提供や学習活動の実施等において、NPO、中間支援組織[1]及び民間事業者等の民間団体の果たす役割が大きく、地域の実態等に応じて行政が民間団体等との積極的な連携を進めることが大切である。(p.49)

本答申では上記の4点に加えて、「地方公共団体における体制」や、「国の教育行政の在り方」についても、提言を行っている。答申は文部科学省のウェブサイトに全文掲載されているので、自分の目で確かめて、生涯学習の振興や社会教育における行政の役割について、複眼的な考察をしてほしい。

3 社会教育

　それでは、学校・家庭・地域の連携が唱えられるということは、社会教育にとってどのような意味があるのだろうか。学校を連携の中心に考えるということは、社会教育の固有性を揺るがすものであり、社会教育主事の職務を、学校教育を中心とした教育行政の枠組みに従属させることになると、否定的にとらえることもできる。

　一方で、地域社会の重要性、学校教育と他の教育機能との連携が不可欠であること、ボランティアなどの住民やNPOの社会的活動が子どもの教育にも資することなどが、法的・制度的に位置づいたともいえる。また、社会教育専門職員の専門性や社会教育行政の役割として、連携の任が求められるようになったということである。では、社会教育とは、いかなるものか。

（1）社会教育の定義

　社会教育は、法律では次ページ表2-2のように定義されており、広義には、学校教育以外の社会で提供される組織的な教育活動の総称ということになる。

　社会教育を狭義にとらえると、行政によって営まれる「公的社会教育」を指す。教育基本法第12条のとおり、国及び地方公共団体は、個人の要望や社会の要請に応えて、社会教育を「奨励」し、図書館・博物館・公民館等の社会教育施設の設置をはじめとする「社会教育の振興に努めなければならない」のであり、主な社会教育施設の状況は、次ページ表2-3のとおりである。それらの社会教育施設やそこでの教育は、社会教育法第3条に示されているとおり、「すべての国民があらゆる機会、あらゆる場所を利用して、自ら実際生活に即する文化的教養を高め得るような環境を醸成する」ためにある。

　法律が用いている「奨励」や「醸成」という表現は、あくまでも学習の主体は国民にあるということであり、戦前と戦後の社会教育に対する考え方の違いを示している。戦前は、学校教育が富国強兵や殖産興業などの国家目的のための手段と位置づけられていたように、社会教育においても、国家主義的な政治勢力に巻き込まれ、国民教化や思想善導の一翼を担っていたのである。戦後の今日は、行政主導の社会教育ではなく、学習者主体の生涯学習を

表2-2 社会教育とは

教育基本法（2006年改正）
（社会教育）
第12条　個人の要望や社会の要請にこたえ、社会において行われる教育は、国及び地方公共団体によって奨励されなければならない。
　　2　国及び地方公共団体は、図書館、博物館、公民館その他の社会教育施設の設置、学校の施設の利用、学習の機会及び情報の提供その他の適当な方法によって社会教育の振興に努めなければならない。

社会教育法（1949年、2008年改正）
（社会教育の定義）
第2条　この法律で「社会教育」とは、学校教育法に基き、学校の教育課程として行われる教育活動を除き、主として青少年及び成人に対して行われる組織的な教育活動（体育及びレクリエーションの活動を含む。）をいう。

（国及び地方公共団体の任務）
第3条　国及び地方公共団体は、この法律及び他の法令の定めるところにより、社会教育の奨励に必要な施設の設置及び運営、集会の開催、資料の作製、頒布その他の方法により、すべての国民があらゆる機会、あらゆる場所を利用して、自ら実際生活に即する文化的教養を高め得るような環境を醸成するように努めなければならない。

表2-3 主な社会教育施設の状況

区分	公民館 類似施設を含む	図書館 同種施設含む	博物館	博物館 類似施設	青少年 教育施設	女性教育 施設	社会体育 施設
施設数	16,566	3,165	1,248	4,527	1,129	380	47,925
公立施設数	16,561	3,140	704	3,467	1,101	281	27,709
指定管理者導入施設数	1,351	203	134	965	369	78	8,855
指導系職員の名称	公民館主事	司書・司書補	学芸員・学芸員補				
指導系職員数	15,420	14,981	7,761		2,974	229	3,120

文部科学省「平成20年度社会教育調査報告書」より作成[2]。

「奨励」し、そのための生涯教育環境を「醸成」することが行政の役割ということになる。

(2) 社会教育の内容

　公的社会教育では具体的にどのようなことが行われているのかというと、その内容は多岐にわたる。1949年から1999年まで施行されていた文部省設置法第2条において、社会教育とは「公民教育、青少年教育、婦人教育、労働者教育等の社会人に対する教育、生活向上のための職業教育および科学教育、運動競技、レクリエーション並びに図書館、博物館、公民館等の施設における活動」と定義されていた。このような活動をとおして、住民相互の共同学習を支援し、人々の意識改革や生活改善のみならず、自治・文化・福祉などのさまざまな角度から地域社会を豊かにすることに取り組んできたのである。

　しかし1999年以降、このように具体的な内容を示した公の定義は見当たらない。それは、実際の社会教育の場面が広範にわたる多様なものであり、一概に定義しきれなくなってきたからである。また、子どもが多い地域・高齢者が多い地域・外国人が多い地域など、地域住民の状況により社会教育に対するニーズが異なるとともに、地方公共団体ごとに社会教育に関する考え方も異なるために、社会教育の内容にも地域による違いがある。

　たとえば神奈川県川崎市には、教育文化会館・市民館（6館）・分館（6館）という社会教育施設があり、その『2010年度活動報告書』の事業内容一覧は、「社会参加・共生推進施策」の識字学習活動から始まっている（32ページ表2-4参照）。今日の社会教育においては、外国人向け日本語教室や日本人と外国人との交流を図る異文化理解に関する講座が増える一方で、識字教育は減少傾向にある中、識字学習活動を事業内容一覧の冒頭に位置づけているのである。

　同市では識字学習支援のボランティア研修も行い、「学習者と支援者（ボランティア）が学びあう関係づくりをとおして、多文化共生社会の実現」[3]をめざしている。その歴史は、社会人学級の日本語科（夜間）を開設した1985年に始まり、1990年の国際識字年には識字学級として独立し、2003年

には識字・日本語ボランティア活動のガイドラインとなる「川崎市識字・日本語学習活動の指針」を市民参加により策定している。外国人に対する日本語教室とは言わずに、識字学習活動という表現を用いているところに、日本語という文化を伝えるのではなく、誰もが社会参加・共生できる社会をめざすという目的を明確に示している。識字学習活動が必要な地域と、そうではない地域があるので、識字学習活動を行えば良いということではないが、税金を投入して行う公的社会教育の役割や内容を考えるうえで、またカルチャー・センターとの異同を考えるうえで、川崎市の取り組みは示唆に富む。

今日では、29ページ表2-3の「指定管理者導入施設数」の欄のとおり、公的社会教育においても、NPOや企業などの指定管理者への業務委託が推進されている。また、社会教育施設で学習支援を担う人々の多くは、非正規雇用であり、公的社会教育施設においても、施設使用料を徴収するようになってきている。公的社会教育にも、新自由主義的な考えが入ってきており、生涯教育や社会教育における国及び地方公共団体の役割の範囲については、議論の余地がある。公的社会教育については、地方公共団体のウェブサイトなどでも公開されているので、居住する地域の状況を調べてみると、社会教育の現状と課題が見えてくるのではないだろうか。

(3) 社会教育を担う人々

社会教育の内容は地域により異なり、その対象も乳幼児から高齢者までと幅広いため、社会教育を担う人々の役割や立場も多岐にわたる。川崎市の識字学習活動においては、ボランティアが学習支援者の役割を担うことからもわかるように、社会教育を担う人々や指導者は、学校教育の教員のようなイメージではとらえきれない。

指導者としてまず思いつくのは、さまざまな講座で教授的役割を担う専門的な知識をもつ講師ではないだろうか。公民館などの社会教育施設から、学習テーマごとに招聘される非常勤の専門家のことであり、さまざまな専門家が社会教育の講師を担っている。たとえば、学校・大学の教員、医師、弁護士、お稽古事の師匠、評論家・マスコミ関係者などである。また、農村においては、農業改良を指導する「普及指導員」なども、学習指導者として招聘

表2-4 教育文化会館・市民館・分館の事業内容

	事業名	事業内容
社会参加・共生推進施策（事業）	識字学習活動	川崎市多文化共生社会推進指針、外国人教育基本方針、川崎市識字・日本語学習活動の指針に基づき、外国人市民等が日本での生活が円滑に営めるように、日常生活に必要な基礎的日本語を身につけるための学習を支援する。学習者と支援者（ボランティア）が学び合う関係づくりをとおして、多文化共生社会の実現をめざす。
	識字ボランティア研修	川崎市識字・日本語学習活動の指針に基づき、地域で識字の学習を支援するボランティアの資質の向上を図ることにより多文化共生社会の実現をめざす。
	社会人学級	様々な事情で十分学習できなかった人に対して、中学課程の学習領域で、国語、数学など日常生活を送るため不可欠な基礎的知識と教養を学ぶ機会を提供し、学習者が共に学びあい、より主体的に生きることをめざす。
	障がい者社会参加活動	地域での体験活動や交流をとおして障がいのある人の社会参加を図るとともに、ノーマライゼーションの理念に基づき共に生きる地域社会の実現をめざす。
	障がい者ボランティア研修	「障がい者社会参加活動」のボランティア等に、障がい者の理解やボランティア活動のあり方などの研修を行うことにより、障がい者の学習権保障の充実とボランティアの人権意識の向上をめざす。
市民自治基礎学習施策（事業）	平和・人権学習	憲法、教育基本法の理念に基づき、世界の平和及び人権の尊重に関する学習機会を提供し、共に生きる地域社会の創造をめざす。
	男女平等推進学習	男女平等にかかわる人権意識を高め、男女があらゆる場において、個人として自立し、多様な個性を生かして協力し、責任をわかち合える男女共同参画社会の創造をめざした学習を推進する。
	保育ボランティア研修	子育てを支援する保育ボランティアの資質の向上を図ることにより、地域で支え合う子育ての環境醸成をめざす。
	市民館保育活動	親等の学習活動への参加や、乳幼児の社会的成長を支援するために、保育を実施する。
	家庭・地域教育学級	子どもを豊かに育む地域社会の創造をめざし、子育てに関する家庭・地域課題の学習機会を提供し、親として市民としての学びを支援する。
	家庭教育推進事業	市家庭教育推進協議会から委任を受ける形で、各区家庭教育推進協議会が家庭教育推進のための事業（自主グループ家庭教育学級、子育て支援啓発活動等）を実施するとともに、教育文化会館・市民館から、PTA等家庭教育学級に対して講師派遣を行う。
市民学習・市民活動活性化施策（事業）	市民自主学級	地域や社会の問題の解決に市民自らが取組んでいく上で必要な学びの場づくりを、市民と各館が協働でおこなう。
	市民自主企画事業	地域の特性に応じた生涯学習・文化芸術の振興や市民の交流・ネットワーク活動など、多様な形態の学習事業を市民と各館が協働で実施する。

	事業名	事業内容
市民学習・市民活動活性化施策（事業）	市民エンパワーメント研修	生活・地域課題、今日的課題を協力して解決し、住みやすい地域を市民自らが創り出そうとするボランティア・市民活動に必要な学習機会とする。
	PTA活動研修	各学区や行政区の特色を生かしながら、子どもの健やかな成長を支えるPTA活動の更なる活性化を共に考えあう研修とする。
	生涯学習交流集会	いきいきとした各区の社会教育の展開に向け、市民と職員が率直な意見を交流し、市民主体の地域の生涯学習を創り出すことをめざす。
	自主グループ講師派遣	社会や地域の課題の解決に取り組んでいる自主グループの求めに応じて専門的な講師を派遣し、地域における自主的な学習活動を支援する。
	表現・舞台活動支援事業	様々な手法による市民の主体的で自由な表現活動を振興し、地域に根ざした市民の文化創造に資する。
	学習情報提供・学習相談事業	市民の学習と活動の支援策の一環として、様々な学習情報・市民活動情報を収集・整理し、適切な形で公開・提供する。また、求めに応じ市民及び市民グループなどの生涯学習に関する相談に情報提供、助言を行う。
市民・行政協働・ネットワーク事業	行政区・中学校区地域教育会議推進事業	行政区・中学校区における学校・家庭・地域の連携による教育への市民参加システムづくりとネットワークづくりを支援・促進し、地域の教育力の向上をめざす。
	課題別連携事業	地域での子育てや福祉・環境、まちづくりなどの課題の解決に協働して取り組むため、関係機関との連携会議および必要な事業を実施する。
	地域学習・文化団体連携推進事業	地域の学習活動を推進している学習・文化団体（サークル連絡会・文化協会・PTA等）とのネットワーク化や事業連携を図ることを通じ地域の文化や教育力の向上をめざす。
教育文化会館・市民館基盤整備事業	運営審議会	川崎市教育文化会館運営審議会規則及び川崎市市民館運営審議会規則に基づいて行う。
	刊行・広報活動	（1）教文・市民活動報告書、学習記録や調査研究報告書の作成を行い、学習活動や地域情報の蓄積と公開を図る。（2）生涯学習に関する情報を提供するため、館だより、ホームページなどの作成を行う。
	視聴覚ライブラリー事業	視聴覚ライブラリー用の情報機器は、総合教育センターで一括整備充実し、市民への直接的な窓口として、教文・市民館で貸出しを行う。
	16ミリ映写機操作技術講習会	16ミリ操作技術講習会を実施し、修了者には認定証を発行する。
現代的課題対応事業	シニアの社会参加支援事業	いわゆる団塊の世代等の市民が、これまで社会で培った豊富な経験と知識、多様な能力を活かし、これまで関わりの少なかった地域社会での様々な活動に参加できるよう支援する。

川崎市教育委員会『2010活動報告書』2011年、pp.5-7より抜粋し作成。

される。

　しかし、社会教育を担う人々を考えるうえで大事なことは、教授的役割の講師よりも、学習者が主体的に学べるように、また学習者同士が相互に学びあえるように支援をする人々の存在である。具体的には、社会教育主事をはじめ、公民館主事、図書館司書、博物館学芸員、青少年施設・女性教育施設などの社会教育関連施設の職員や、地域の教育・自治・文化・福祉にかかわる専門職である、保健師・看護師、児童館職員、ユースワーカー、社会福祉関係職員などである。また、今日では、社会教育指導員、指定管理者、NPOのスタッフ、ボランティア団体のコーディネーターなどの多様な人々が、社会教育における広範な学びを支えている。

　このように多様な人々が社会教育を支えているのは、人間が生きている限り、個人的・組織的・社会的なさまざまな課題に向き合わなければならず、学習内容が多様化しているからである。また、学校・家庭・地域の連携が推進されることからわかるように、今日の社会的課題を解決するためには、多様な他者や組織がネットワークし、協働しなければならないのである。

　今日の社会は、『学習：秘められた宝』を取りまとめたドロールが説くとおり、克服すべきさまざまな緊張関係があり、社会のひずみが生活のいたるところに及んでいる。生きづらさ・居場所の無さ・劣等感などを覚える人、また他者への無関心・社会で活かされるはずの能力が活かせない状況や社会的排除[4]などが散見される。そのような状況を「現代の貧困」[5]ととらえ、地域に根ざす生涯学習の役割を明らかにする研究や実践が蓄積されてきている。また、市民と行政の協働や市民の主体的な活動も盛んになってきており、「新しい公共」時代ともいわれている（第10章、第14章参照）。学習機会とともに社会教育のとらえ方や担い手も拡がってきているということである。

確認問題

(1) フォーマル・ノンフォーマル・インフォーマルな教育とは何か。
(2) 法律における「奨励」や「醸成」という表現の意義や課題は何か。
(3) どのような人々が社会教育を担っているか。

〈註〉
1) 中間支援組織では、NPO間の人・資金・情報などの資源の仲介をしたり、ネットワークを促進したり、ネットワークを活用することによって人材育成・政策提言・調査分析などを行っている。
2) 社会教育調査は3年ごとに実施されており、都道府県・市町村教育委員会、公民館、図書館、博物館、青少年教育施設、女性教育施設等に関する統計調査である。文部科学省のウェブサイトに載っている。
3) 川崎市教育委員会『2010活動報告書』2011年、p.5。
4) 「社会的排除（social exclusion）」とは、1990年代のヨーロッパで、失業者対策に取り組む中で広まった概念である。労働市場のみならず、地域社会や福祉システムなどへの参加や、社会の一員としての権利の行使が難しい状態を問題視している。
5) 上田幸夫・辻浩編『現代の貧困と社会教育——地域に根差す生涯学習』国土社、2009年。

〈より深く学習するための参考文献や資料〉
・日本社会教育学会編『学校・家庭・地域の連携と社会教育』東洋館出版社、2011年（学校・家庭・地域の連携の意義や課題について、社会教育の立場から論じている）。

コラム1：男女共同参画は、女性のため？

　日本では高等教育で形成された女性の能力が、就業の形では十分に活かされていない。個人・組織・社会のあらゆる段階に、「働き手や稼ぎ手は男性で女性が働くのは家計補助」という固定的性別役割分担意識が根強いからである。

　女性の年齢階級別労働力人口は、30代後半を底とするM字カーブを描く。結婚や出産を機に仕事を辞める女性が多いのである。勿論、育児や家事に専念するという生き方もあり、それを否定するつもりはない。

　しかし、仕事を辞めるということを本当に自らが選択したのか、選択せざるを得なかったのか、選択している気になっているだけで自発的服従ではないか、考えてみてほしい。

　多くの女性は、子どもが育つにつれて就労を希望するようになるが、再就職は容易なことではない。仕事を得られたとしても、非正規雇用者とならざるを得ない状況がある。つまりM字型で働くと、再就職したとしても、経済的には自立できないということである。

　固定的性別役割分担意識は、女性のみならず男性にとっても問題になるのではないか。みんなで考えてみよう。

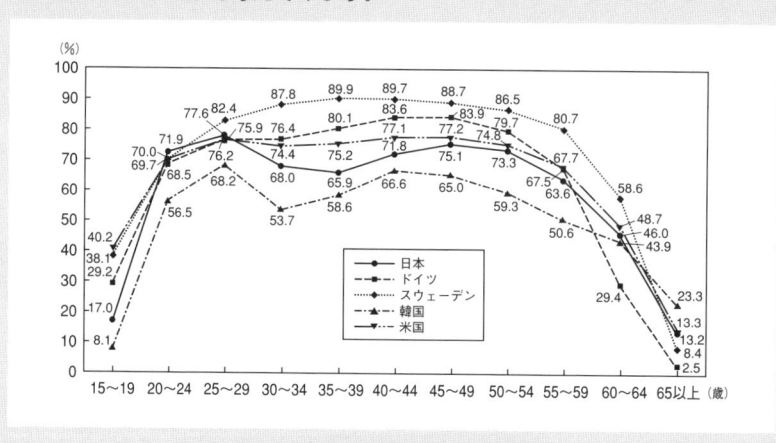

図　女性の年齢階級別労働力率の推移
内閣府『平成23年版男女共同参画白書』p.70

第3章　生涯学習と職業

> 本章では、学習機会の広がりのひとつの例として、子どもや若者のキャリア教育・職業教育の動向、また、企業のような職場における学習のあり方から、個人の学びが組織や社会といかに結びついているのかということを考察する。企業などの職場においても、組織の持続的な発展のために多様性を活用することや学びあいが志向されていることをふまえて、教育を学校教育の枠組みのみでとらえるのではなく、学習社会を志向する意義を検討する。
>
> **キーワード**　キャリア教育、職業教育、ダイバーシティ、学習する組織

　今日では、公的な社会教育においてのみならず、子どもや若者の学校教育においても、また社員教育などの民間のさまざまな教育／学習機会においても、生涯学習という言葉が用いられるようになり、さまざまな学習が行われている。また、学習の意味やあり方が、社会全体の教育力の向上という観点から再考されており、生涯学習の重要性が職業との関係でとらえ直されている。ここでは、第1章や第2章ではあまり取り上げてこなかった職業との関係で、生涯学習について考えてみたい。

1　キャリア教育や職業教育の展開

　生涯学習が、日本においても職業との関係で語られるようになった背景には、社会的な状況がある。2005年頃から「フリーター」「ワーキングプア」「ネットカフェ難民」「派遣村」などの言葉を耳にすることが多くなったことからもわかるように、非正規雇用者の状況が社会問題ととらえられるようになったのである。そして、その解決に向けたキャリア教育や職業教育に関する政策が展開されるようになった。

(1) 生涯学習を通じた社会参画

2006年に改正された教育基本法には、「社会の形成者」(第1条)を育成すること、「職業及び生活との関連を重視し、勤労を重んずる態度を養う」こと、また「主体的に社会の形成に参画し、その発展に寄与する」(第2条)ことが教育の目的や目標として掲げられており、「その生涯にわたって、あらゆる機会に、あらゆる場所において学習することができ、その成果を適切に生かすことのできる社会」(第3条)の実現がめざされている。つまり、教育基本法においては、生涯学習を通じた社会参画が推進されているのである。

教育基本法の改正をふまえて改正された学校教育法にも「職業についての基礎的な知識と技能、勤労を重んずる態度及び個性に応じて将来の進路を選択する能力を養うこと」(第21条)が盛り込まれた。また、教育基本法に基づいて政府として初めて策定した「教育振興基本計画」[1]では、産業界や地域社会との連携に基づいて、初等教育段階からのキャリア教育や中等教育における職場体験活動、また高等教育における専門的職業人や実践的・創造的技術者の養成に取り組むことが示されている。

(2) キャリア教育と職業教育

そのような動向をふまえて、2011年1月に取りまとめられた答申「今後の学校におけるキャリア教育・職業教育の在り方について」では、キャリア教育とは「一人一人の社会的・職業的自立に向け、必要な基盤となる能力や態度を育てることを通して、キャリア発達を促す教育」であると、また職業教育とは「一定又は特定の職業に従事するために必要な知識、技能、能力や態度を育てる教育」であると定義し、「生涯学習の観点に立ったキャリア形成支援」の必要性を提言している(次ページ図3-1参照)。日本においても学校教育段階から職業観を培うことの意義が見直され始めたということである。

しかし、キャリア教育に対する教育現場や研究者からの批判もあることをふまえて、本田由紀は教育社会学の観点から、教育の職業的意義の具体的検討や、若者を外の世界への「適応」と「抵抗」[2]の両面で力づける必要性を説いている。

キャリアとは、図3-1にも示されているとおり「人が生涯の中で様々な役

キャリア教育・職業教育の課題と基本的方向性

1. 若者の現状‥‥大きな困難に直面

産業構造や就業構造の変化、職業に関する教育に対する社会の認識、子ども・若者の変化等、社会全体を通じた構造的問題が存在。

◆「学校から社会・職業への移行」が円滑に行われていない。

- 完全失業率　　約9%
- 非正規雇用率　約32%
- 無業者　　　　約63万人
- 早期離職　　　高卒4割
　　　　　　　　大卒3割
　　　　　　　　短大等卒4割

◆「社会的・職業的自立」に向けて様々な課題が見られる。

- コミュニケーション能力等職業人としての基本的能力の低下
- 職業意識・職業観の未熟さ
- 進路意識・目的意識が希薄な進学者の増加

↓

若者個人のみの問題ではなく、社会を構成する各界が互いに役割を認識し、一体となり対応することが必要。
その中で、学校教育は、重要な役割を果たすものであり、キャリア教育・職業教育を充実していかなければならない。

2. キャリア教育・職業教育の基本的方向性

キャリア教育

一人一人の社会的・職業的自立に向け、必要な基盤となる能力や態度を育てることを通して、キャリア(注1)発達を促す教育

- 幼児期の教育から高等教育まで、発達の段階に応じ体系的に実施
- 様々な教育活動を通じ、基礎的・汎用的能力(注2)を中心に育成

職業教育

一定又は特定の職業に従事するために必要な知識、技能、能力や態度を育てる教育

- 実践的な職業教育を充実
- 職業教育の意義を再評価することが必要

生涯学習の観点に立ったキャリア形成支援

生涯にわたる社会人・職業人としてのキャリア形成(社会・職業へ移行した後の学習者や、中途退学者・無業者等)を支援する機能を充実することが必要

家庭、地域・社会、経済団体・職能団体、NPO等と連携 各界が各々役割を発揮し、一体となった取組が重要

(注1) キャリア：人が、生涯の中で様々な役割を果たす過程で、自らの役割の価値や自分と役割との関係を見いだしていく連なりや積み重ね

(注2) 基礎的・汎用的能力：①人間関係形成・社会形成能力 ②自己理解・自己管理能力 ③課題対応能力 ④キャリアプランニング能力

図3-1　キャリア教育・職業教育の課題と基本的方向性
中央教育審議会答申「今後の学校教育におけるキャリア教育・職業教育のあり方について」
2011年、p.103

割を果たす過程で、自らの役割の価値や自分と役割との関係を見出していく連なりや積み重ね」であり、多様な経験を積み重ねる中で培えるものである。また、第2章で見てきたように、人は多様な教育機会における学習が影響し合って成長することをふまえると、キャリア教育や職業教育を学校教育の枠組みの中のみでとらえるのではなく、生涯にわたる学習という観点からとらえ直していくことで、教育の新たな可能性が見えてくるのではないだろうか（第12章参照）。

2 「学習する組織」論の展開

　教育や学習は学校教育を終了後にも行われるのであり、むしろおとなになってからのほうがその重要性を覚えるものである。「生涯学習の核心は仕事の学習である。『学ぶこと』の最も重要なことは『仕事の中』にある」[3]という意見もあることをふまえて、企業などの職場では、どのような教育／学習の機会があるのかを見ていくこととする。

（1）旧来の社員教育の構造

　戦後の日本企業における社員教育は、職場の先輩が後輩を指導する、あるいは後輩が先輩の仕事振りから学ぶOJT（On the Job Training: 職務を遂行しながら学ぶ研修）と、階層別・職能別に日常業務とは離れた場所で実施する集合研修（Off-JT: Off the Job Training）の2つの方法で相乗効果を上げてきた（次ページ図3-2参照）。階層別教育とは、新入社員教育や中堅社員教育のように、勤続年数や職位などの各段階で行われる教育のことであり、職能別教育とは、営業・技術・経理などの職種別に必要な能力を身につけるための教育である。社員教育は、終身雇用と年功序列という日本型の雇用慣行に基づいた先行投資ととらえられてきたのであり、タテ（階層別）とヨコ（職能別）の構造で、計画的に推進されてきたのである。

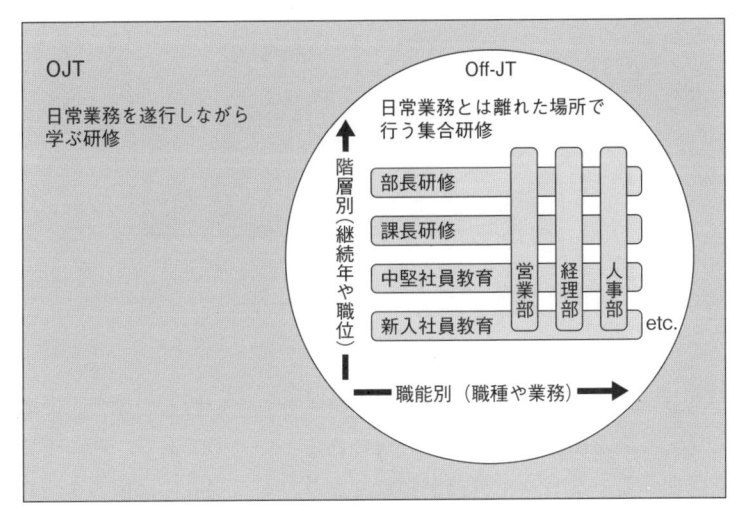

図3-2　社員教育の構造

（2）人材育成のパラダイム転換

　しかし今日の日本企業においては、社員の多様性（ダイバーシティ）を企業価値の向上や組織の持続的な発展に活用するダイバーシティ・マネジメントが唱えられており、企業が社員教育を計画的に推進するというよりも、社員の主体的な学習を促す方向に転換している。教育とは、望ましい姿や価値を理解する者の意図をもった働きかけであるが、今日の企業においては、国際競争・技術革新などのさまざまな変化に柔軟に対応することが求められており、社員の望ましい姿が一様ではないからである。また新製品の企画などには、既存の価値の枠組みにとらわれない発想の転換や、新しい価値の創造が必要になるということもある。

　そこで注目されるようになってきたのが、センゲ（Senge, P. M.）が提唱する「学習する組織（learning organization）」[4]というアプローチである。学習する組織とは、人々が心から望む結果を生み出すために、学びあう方法をたえず学び続ける組織である。

　なぜ学習する組織を志向する必要があるのか、センゲは「氷山モデル」を示して説いている（次ページ図3-3参照）。今日の組織や社会にはさまざまな

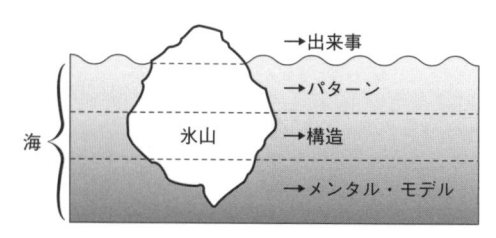

図3-3 氷山モデル
中村香『学習する組織とは何か』鳳書房、2009年、p.124

問題があり、解決策をいくら実行しても改善されない問題の場合、その問題として見えている出来事は氷山の一角であるというのである。その下には、問題を誘発するパターンや構造が隠れており、その根底には個人・組織・コミュニティに根付く「メンタル・モデル」（価値観、前提、思考枠組など）があるので、「メンタル・モデル」から問い直さなければならないということである。

　たとえば、ある企業が決算で赤字を計上したとする。赤字という目に見える出来事は突然生ずるのではなく、その前にクレームが増える・在庫が増える・社員の負荷が増えるなどのパターンが見られる。そのようなパターンは、過度な経営拡大や売り上げ目標を設定する企業構造が生み出しているのであり、その構造の根底には、"企業の成長とは、経営規模を拡大させること""圧力をかければかけるほど、社員は努力する""失った顧客の穴埋めには、新規顧客の獲得"というような意識・無意識のメンタル・モデルがある。こうしたメンタル・モデルをそのままにせず、「本当にその考えのままでいいのか」といったように、メンタル・モデルの存在に気づき、そこから問い直さなければならないということである。

（3）チームのコアとなる学習力
　では、いかにして学習する組織を志向するのか。センゲは、1本でも欠ければ倒れる3脚の腰掛を用いて、「チームのコアとなる学習力」（図3-4参照）を培う意義を説いている。真の学習は、単純な公式や規則では表現できない

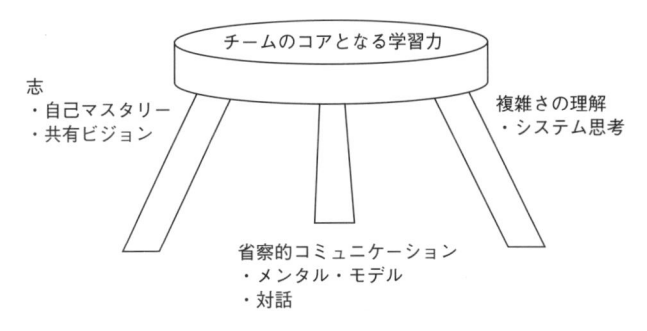

図3-4　チームのコアとなる学習力
中村香『学習する組織とは何か』鳳書房、2009年、p.143

微妙なものであり、実社会で有効な実践的なノウハウは、学びあいによる実践と絶えざる省察によってのみ培われるととらえているからである。

「自己マスタリー」とは、個人が心から望む結果を現実との距離も含めて認識する力をつけることであり、個人の学習を組織の発展に結びつけるためには、志を共にする「共有ビジョン」を構築する必要がある。

しかし、個人や組織には学習の妨げとなる固定的で硬直化した価値観や思考枠組みのメンタル・モデルがあるので、「対話」に基づく省察的コミュニケーションでメンタル・モデルを問い直す必要があるということである。さまざまなメンタル・モデルを問い直し、メンバーが心から望む共有ビジョンを構築するプロセスをふむことで、企業をとりまく社会や自然界という大きなシステムとも調和した行動をとれるようになるというのであり、それが「システム思考」を培うということにつながるのである。

なぜ複雑さを理解する必要やシステム思考を培う必要があるのかというと、今日の社会的状況における問題は複雑に絡み合っており、何を問題ととらえるかは認識の仕方によるからである。たとえば、先ほどの赤字の例で考えると、失った顧客の穴埋めに新規顧客を獲得するという対症療法的対応をするよりも、なぜ顧客が離れたのか、私たちは何のために働くのか、企業は何のために存在するのか、というような根本的なことから問い直さなければならないということである。

3　学習社会の形成に向けて

　「学習する組織」は、企業の組織改革のあり方について説いたものであるが、今日では企業のみならず、学校・病院・行政機関・NPOなどのさまざまな組織にも広まっている。また今日のセンゲは、組織の枠組みを越えたコミュニティとして学びあうことの意義を説いている。

　コミュニティや社会として課題を解決するために学びあう必要があるということは、本章の前半で見てきたキャリア教育や職業教育の例でも明らかである。39ページの図3-1に示された「若者の現状」を「氷山モデル」に当てはめて考えてみると、「完全失業率約9%」などと記されているが、突然そうなったわけではない。その前に、非正規雇用率や早期離職率が上がる、「コミュニケーション能力等職業人としての基本的能力の低下」「進路意識・目的意識が希薄な進学者の増加」などが問題視されるようになるというパターンが表れ、その背景には、「産業構造や職業構造の変化」などの「社会全体を通じた構造的問題」がある。そして、キャリア教育・職業教育の面では、その根底に、「若者には働く意欲がない」といった若者個人の問題としてとらえるメンタル・モデルがあるのではないだろうか。「職業教育の意義を再評価」する必要があり、「若者個人のみの問題ではなく、社会を構成する各界が互いに役割を認識し、一体となり対応することが必要」というのは、まさにシステム思考で解決しようということである。

　第1章では生涯学習理念の展開、第2章では学習機会の拡がりと公的社会教育、第3章では職業との関係で生涯学習の展開について考察してきた。これらをふまえると、第2部以降につながる4つの論点として、次の諸点が挙げられるのではないだろうか。次に示す問いに基づいて、「学習社会」の実現に向けて、生涯学習の諸相についての考察を深めていくこととしたい。

○おとなの学習者の理解と学習援助の方法（第2部）
　社会に出る前の子どもや若者と、社会の担い手である成人では、学習方法が異なるのだろうか。

○学びあうコミュニティ（第3部）
　「学習の4本柱」（15ページ表1-2参照）には、「共に生きることを学ぶ」ことが挙げられていた。また、学習する組織を提唱するセンゲは、実社会で有効な実践的なノウハウは、学びあいによる実践と絶えざる省察によってのみ培われると考えていたが、学びあいは実際にどのように展開されるのか。
○社会とつながる学び（第4部）
　教育基本法では、生涯学習を通じた社会参画が重視されていたが、人々は学習を通して、社会といかにつながるのか。
○学習社会の課題と展望（第5部）
　生涯学習の理念では、学習社会の構築がめざされているが、学習社会を実現するための課題はあるのだろうか。

確認問題

（1）キャリア教育・職業教育とは何か。
（2）今日の社員教育の特徴は何か。
（3）「学習する組織」を志向するのに、なぜ省察的コミュニケーションが必要なのか。

〈註〉
1)「教育振興基本計画」は、教育基本法に示された教育振興基本計画（第17条）に基づいて、2008年に閣議決定した。10年間を通じてめざすべき教育の姿と、5年間に取り組むべき施策が示されている。
2) 本田由紀『教育の職業的意義』ちくま新書、2009年、pp.160-161。
3) 田中萬年・大木栄一『働く人の「学習」論』学文社、2007年、p.8。
4) P. センゲ『学習する組織』枝廣淳子・小田理一郎・中小路佳代子訳、英治出版、2011年（Senge, P. M., *The Fifth Discipline: the Art and Practice of the Learning Organization*は、1990年に初版が、2006年に第2版が刊行され、『学習する組織』は第2版の完訳である）。

〈より深く学習するための参考文献や資料〉
・中村香『学習する組織とは何か』鳳書房、2009年（学習する組織について教育学の観点から考察しており、学校における「学習する組織」化の意義とそのプロセスもまとめられている）。

〈第1部〉個人の学びと組織や社会の発展

コラム2：クリエイティブ・テンション

　輪ゴムを上下にひっぱると緊張（tension）状態になり、この緊張を緩めるには現実をビジョンに近づける根本的な解決か、ビジョンを現実に近づける対症療法的解決しかない。どちらになるかは、ビジョンがしっかりとしたものであるかどうかによるのであり、ビジョンと現実の間にある隔たりが、創造的エネルギーの源となる「クリエイティブ・テンション」である。

　クリエイティブ・テンションという物事のとらえ方に熟達すると、成功や失敗に対して過度に一喜一憂しなくてもよくなる。センゲによると、失敗とは「ビジョンと今の現実の間に乖離があることを示すものにすぎない。失敗は学びのチャンス」であり、「失敗したからといって、その人に価値が無いとか、無能だということにははらない」（p.211）のである。

　個人・組織・社会にとって本当に大切なものは何か、また、ビジョンと現実との間の乖離が生じないように、現実を把握する力を学習し続けることが大事である。

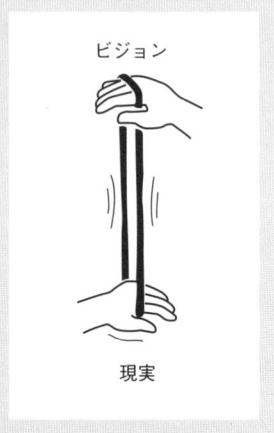

クリエイティブ・テンション
P. センゲ『学習する組織』
英治出版、2011年、p.207

第2部　おとなの学習者の理解と学習支援

　生涯学習とは、生まれてから死ぬまでの生涯にわたる学習である。しかしはたして、社会に出る準備期にある子どもの学びと、社会の担い手とされるおとなの学びは同じだろうか。一見すると、学校を卒業すると学びからは離れると思われるのに、学び続けるおとなや新たに学習を始めるおとながいるのはなぜだろうか。おとなは何のために、どのように学ぶのだろうか。またおとなにふさわしい学習援助のあり方とはどのようなものだろうか。

　第2部では、「おとなの学習者」に視点をおき、おとなの成長・発達の可能性を生涯発達の観点から検討し、おとなの学習者としての特性を理解しながら、それをふまえた学習援助論、学習方法、学習支援者の役割について検討する。

　第4章では、おとなの学習者の理解という観点から、生涯発達論のいくつかの代表的な考え方を吟味する。第5章では、おとな（成人）の学習援助論として体系化された「アンドラゴジー」、アンドラゴジーの批判的・発展的な展開である「ポスト・アンドラゴジー」をおさえる。第6章では、成人学習の方法論や、学習支援者の役割を検討する。以上について、机上の理論としてではなく、自分のこれまでの学習観・教育観をとらえ直し、今後に発展させていくためのひとつの視座として位置づけてほしい。

大学主催の市民公開講座で学ぶおとなの学習者たち

コラム3：「おとな」とはどんな人？

　大学の授業や職員研修で「成人の学習理論」をテーマとするとき、導入で「どんな人をおとなだと思うか、おとなの条件を示すような短い言葉・表現を、5分間でできるだけたくさん出し合う」というグループワークを行うことがある。「20歳以上」「選挙権」「責任がある」「自立」「自己決定ができる」、「飲酒」「苦味が楽しめる」「おとなの対応ができる」……、おおむね20～40程度が各グループから挙がってくる。

　このグループワークを通じて、一口に「おとな」といっても、単純に年齢では区切れず、多様な概念を背負っている存在であることが見えてくる。たとえば、日本では民法で20歳以上を成人としているが、20歳を向かえたその日から、心身ともに「おとな」であると胸を張っていえる人がどれほどいるだろうか。選挙権を18歳に引き下げる議論もある一方、日本人の成人式は30歳でも遅くないなどという声も聞く。しかし、その中で何か共通点があるとすれば、挙げられた多くの言葉が社会的な役割に関するものであり、おとなは社会的・文化的に期待される役割や課題を背負っている存在といえるのではないかということである。

　グループでワイワイと言葉を出し合うことで、アイスブレーキング（固い雰囲気をくずすこと）をしながら、参加者によっては、「自分はどうか」と問い直す機会ともなっているようだ。授業後のふり返りシートに、社会人学生が「挙げられた沢山の言葉から省みると、自分はまだおとなになりきれていないようだ」と書いてくれば、20歳前後の学生からは「おとなになれるのか不安」「私の周りには、今日の条件を備えたようなおとなはいない」といった記述もある（大学3年生の「私たち子どもは」という書き出しに驚いたこともある）。

　はたして、読者の皆さんは、いかがだろうか。

第4章　おとなの学習者と生涯発達

本章では、おとなの学習者を理解するという観点から、生涯発達に関する理論を概観する。乳幼児期から成人するまでを成長・発達の時期ととらえた旧来の発達観とは異なり、成人後も成長・発達する可能性を示した生涯発達論が登場している。身体的、精神的、社会的な成長・発達と停滞・衰退の可能性、学習との関係を吟味したい。

キーワード　発達課題、ライフサイクル論、生涯発達

1　おとなの学習者のとらえ方

　第1部に示された生涯学習の理念の展開を、「学習者」という存在に照準を当ててとらえ直すと、どんな学習者像が見えてくるだろうか。

　1965年にユネスコの成人教育推進国際委員会で、ラングラン（Lengrand, P.）が「永続教育」を提唱した際には、教育は「人格発展のあらゆる流れのあいだ——つまり人生——を通じて」行われるべきものとされており、人は、青少年期以降も、社会のあらゆる教育機会を利用して成長・発達する可能性をもつ存在として描かれている。また、学習社会論へと展開する中では、ただ社会に適応するだけでなく、社会をつくる主体であることが提起されている。ハッチンス（Hutchins, R. M.）の学習社会論での「人間らしく生きる学習」や1996年『学習：秘められた宝』においては、労働や社会に向けた学びだけでなく、潜在的諸能力を発揮し、その人らしく生きる自己実現的な側面も打ち出されている。

　日本では、戦後社会教育行政の役割が「すべての国民があらゆる機会、あらゆる場所を利用して、実際生活に即する文化的教養を高め得る」環境の醸成と規定されていることから見ても、国民は、あらゆる機会を利用して主体的に学ぶ学習者と位置づけられている。また、生涯学習推進政策においては、1981年の答申「生涯教育について」によるならば、「変化の激しい社会」へ

の適応を必要とし、「自己の充実」や「生活の向上」のために「自発的意思」に基づいて学習する人が想定されており、子どもや青少年を含むとはいえ、おおむね「おとな」の自発的に学ぶ学習者が想定されているといえるだろう。

さらに、2008年の中央教育審議会答申「新しい時代を切り開く生涯学習の推進方策について」に提起されたように、生涯学習を通じた社会参画が期待される今日では、社会にただ適応するためであったり、提供された知識を受容するだけでなく、社会参画する中で知を形成する「知の循環型社会」の構成員としても位置づけられている。

一方、アメリカの成人教育学者ノールズ（Knowles, M. S.）は、「おとな」の「辞書的定義」（たとえば「十分に発達し成熟した者」）、「生理学的定義」（生殖能力の獲得を中心とする）、「法律的定義」（年齢）のいずれもが曖昧であり、時代や文化・個々人によっても異なるものであることを指摘する。そして、教育的な観点から、①「その文化・社会での『社会的役割』を担う程度に応じて、その人は成人である」、②成人としての「自己概念」をもち、「自身の生活に本来的な責任を感じる程度に応じて、その人は成人である」と説明している[1]。カナダの成人教育学者クラントン（Cranton, P. A.）も、成人とは、「みずからの文化やサブカルチャーの中での成人期の社会的役割を引き受けるようになった者」[2]と定義する。このように、成人教育学者がとらえる「成人」の定義では、「社会的役割」が重要な意味をもつようである。

以上を整理すると、生涯学習や成人教育の理念において、おとなの学習者像として、

- 青少年期以降であっても成長・発達する可能性がある
- 変化する社会に適応すること、社会を形成することが期待される
- 生活や労働に向けた学びと自己充足・自己実現的な学びが想定されている
- 社会的役割をもつ人

という側面が見えてくる。こうした考え方の背景にある、生涯発達論の代表的なものを見ていこう。

2 おとなの成長と発達の可能性

(1) ハヴィガーストの発達課題論

「生涯のプロセスとしての発達」という発達観を示した代表的な人は、アメリカの教育社会学者のハヴィガースト（Havighurst, R. J.）である。彼は、著書『人間の発達課題と教育』で、生涯の各時期における発達課題を示した（次ページ表4-1参照）。

発達課題とは、ハヴィガーストによれば、生涯の各時期に生ずる「個人が学ばなければならないもろもろの課題」であり、身体的成熟に伴って起こるもの、社会の文化的圧力から起こるもの、人の人格や自我をつくっている個人的価値と抱負から起こるもの、以上の相互作用から生じる。そして、発達課題を習得することを「学習」とみなして、「生活することは学ぶことであり、成長することも学ぶことである。…（中略）…人間はめいめい一生学習を続ける」[3]と述べ、学習することが「われわれの社会において健全な成長をもたらす」と展望している。

ハヴィガーストの発達課題論は、教育に適時性（最適な時期）があること、そして、「最も教育の契機に富んでいる」とされながらも学校教育修了後であるがゆえに見過ごされてきた壮年初期以降にも発達課題があり、人々の発達と学習が一生涯続くことを明示している。一方で、ハヴィガーストによって導き出された発達課題は、1930年代から40年代のアメリカ中流階級を想定したものであり、ほかの社会や時代にも通用する普遍的なものとは考えにくい。また、「その課題をりっぱに成就すれば個人は幸福になり、その後の課題も成功するが、失敗すれば個人は不幸になり、社会で認められず、その後の課題達成も困難になってくる」[4]という性質は、課題達成や学習がただ社会に適応することに向けられかねず、さらに、やり直しのきかない不可逆性が前提となっている点に、議論の余地があるだろう。

表4-1　ハヴィガーストの発達課題

幼児期	1. 歩行の学習 2. 固形の食物をとることの学習 3. 話すことの学習 4. 排泄の仕方を学ぶこと 5. 性の相違を知り性に対する慎みを学ぶこと 6. 生理的安定を得ること 7. 社会や事物についての単純な概念を形成すること 8. 両親や兄弟姉妹や他人と情緒的に結びつくこと 9. 善悪を区別することの学習と両親を発達させること
児童期	1. 普通の遊戯に必要な身体的技能の学習 2. 成長する生活体としての自己に対する健全な態度を養うこと 3. 友達と仲良くすること 4. 男子として、また女子としての社会的役割を学ぶこと 5. 読み・書き・計算の基礎的能力を発達させること 6. 日常生活に必要な概念を発達させること 7. 良心・道徳性・価値判断の尺度を発達させること 8. 人格の独立性を達成すること 9. 社会の諸機関や諸集団に対する社会的態度を発達させること
青年期	1. 同年齢の男女との洗練された新しい交際を学ぶこと 2. 男性として、また女性としての社会的役割を学ぶこと 3. 自分の身体の構造を理解し、身体を有効に使うこと 4. 両親やほかの大人から情緒的に独立すること 5. 経済的な独立について自信をもつこと 6. 職業を選択し準備すること 7. 結婚と家庭生活の準備をすること 8. 市民として必要な知識と態度を発達させること 9. 社会的に責任のある行動を求め、それをなしとげること 10. 行動の指針としての価値や倫理の体系を学ぶこと
壮年初期	1. 配偶者を選ぶこと 2. 配偶者との生活を学ぶこと 3. 第一子を家族に加えること 4. 子どもを育てること 5. 家庭を管理すること 6. 職業に就くこと 7. 市民的責任を負うこと 8. 適した社会集団を見つけること
中年期	1. 大人としての市民的・社会的責任を達成すること 2. 家庭から社会への子供の移行に助力する 3. 一定の経済的生活水準を築き、それを維持すること 4. 10代の子どもたちが信頼できる幸福な大人になれるよう助けること 5. 大人の余暇活動を充実すること 6. 自分と配偶者とが人間として結びつくこと 7. 中年期の生理的変化を受け入れ、それに適応すること 8. 年老いた両親に適応すること
老年期	1. 肉体的な力と健康の衰退に適応すること 2. 隠退と収入の減少に適応すること 3. 配偶者の死に適応すること 4. 自分の年頃の人々と明るい親密な関係を結ぶこと 5. 社会的・市民的義務を引き受けること 6. 肉体的な生活を満足におくれるように準備すること

R. J. ハヴィガースト『人間の発達課題と教育』荘司雅子訳、玉川大学出版部、1995年より作成。

（2）エリクソンのライフサイクル論

エリクソン（Erikson, E. H.）は、人間の精神的発達や自我に注目し、人間の自我は、図4-2に見られるような、人生のさまざまな段階で起こる「心理・社会的危機」を克服していくことで成長するととらえている。人生の段階ごとに、心理・社会的発達課題とそれに相反する否定的な性質が生じ、両者の緊張関係を乗り越えることで、人はより高次の段階へと成熟していくというものである。たとえば、成人期では、心理・社会的発達課題として「生殖性」が挙げられている。これは"generativity"というエリクソンの造語であり、子孫を生み出すこと、生産性、創造性を包含し、「新しい存在や新しい製作物や新しい概念を生み出すこと」[5]を表している。その対立的概念である「停滞性」は、生殖的活動の活性を失うことにより生じるのであるが、それを乗り越える命題として、これまで大切にしてきた人や物や観念の

心理・社会的危機

段階	1	2	3	4	5	6	7	8
Ⅷ 老年期								統合 対 絶望、嫌悪 英知
Ⅶ 成人期							生殖性 対 停滞 世話	
Ⅵ 前成人期						親密 対 孤立 愛		
Ⅴ 青年期					同一性 対 同一性混乱 忠誠			
Ⅳ 学童期				勤勉性 対 劣等感 適格				
Ⅲ 遊戯期			自主性 対 罪悪感 目的					
Ⅱ 幼児期初期		自律性 対 恥、疑惑 意志						
Ⅰ 乳児期	基本的信頼 対 基本的不信 希望							

図4-2 エリクソンの発達段階

E. H. エリクソン『ライフサイクル、その完結』村瀬孝雄・近藤邦夫訳、みすず書房、2001年、p.73より作成。

面倒を見る（take care of）という「世話」が提示されているのである。ただし、エリクソンは、ハヴィガーストと異なり、段階と段階とのあいだを行きつ戻りつする動きを認めている。

　エリクソンの共同研究者であり妻であるジョーン（Erikson, J. M.）の後年の記述によれば、8つの発達段階のいずれにおいても、心理・社会的発達課題のプラスの要素が、対立概念である「失調要素」（否定的性質）より優位に示されているのは、プラスの要素が「成長と拡大を支え、目標を与え、最善の自尊とコミットメントを送ってくれる」からである。しかし、老年期については、失調要素のほうが優位な位置に立つのだと認められている。能力や人間関係の喪失を甘受しながらも、人生の出発点からの「基本的信頼」に依拠することで、人は、生への希望や生きる理由をもち、死に向かって成長する「老年的超越」という段階に前進するのだという。エリクソンは、この老年的超越性の段階を第9番目に設定しようとしていたのだとジョーンが明らかにしている[6]。

　ハヴィガーストやエリクソンの発達論は、「ライフサイクル」論ともいわれる。ライフサイクル論とは、人の一生を時系列的にいくつかの時期や段階としてとらえ、特に生活構造に示される時間的・周期的な変化に注目して、一般化を試みたものである。そして、エリクソンも繰り返し言及しているように、個人のライフサイクルは社会的文脈と切り離しては十分に理解できず、個人と社会は複雑に折り合わさり、絶えざる交流の中で相互にダイナミックに関係し合っている。他方で、エリクソンの提示する発達課題もまた、エリクソンやエリクソンらの調査対象者の社会背景・時代背景を反映しているものであることは否めないのである。

（3）レビンソンのライフサイクル論

　アメリカの心理学者レビンソン（Levinson, D. J.）は、成人の発達を、生活構造（人々の生活パターンやデザイン）の変化と特定の年齢・年代との結びつきからとらえた。レビンソンは、異なる職業グループ各10名の対象者計40名をインタビュー調査した結果から、どの職業であっても人々の生活構造は、確立し維持される安定期と、心理・社会的な危機によって問い直され

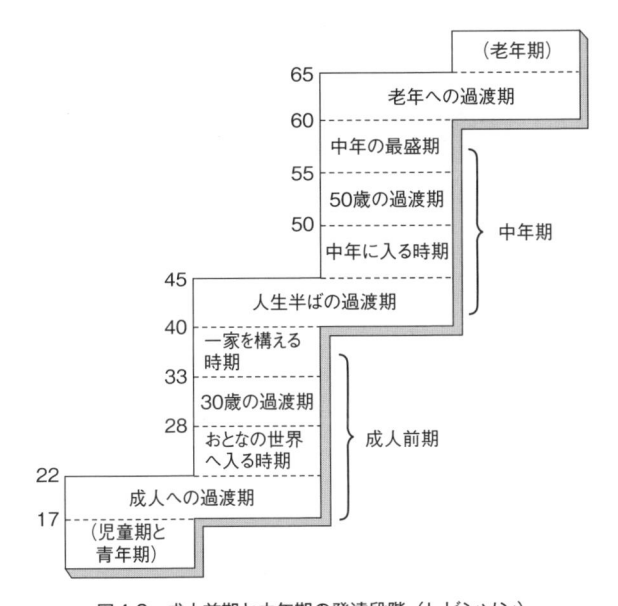

図4-3 成人前期と中年期の発達段階（レビンソン）
D. レビンソン『ライフサイクルの心理学（上）』南博訳、講談社、1992年、p.111

る過渡期をほぼ10年の周期で繰り返すのだと説明している[7]。

　そして、変化する人生構造を構成する要素は結婚や家族、職業、友情、政治、宗教、エスニシティ、社会的環境でのレジャー、レクリエーション、メンバーシップ、役割などであり、自己や生活のために重要性が高い要素が時間とエネルギーの大部分を占め、他の構成要素の内容に大きな影響を及ぼすのだという。

　レビンソンのライフサイクル論は、青年期と老年期の間で比較的安定した時期だとされてきた中年期にも過渡期と過渡期に生じる危機的状況があり、若さと老いの自覚との葛藤、創造と破壊との葛藤といった対立的葛藤や自己認識の危機に陥るのだと説明する。危機に陥った本人は取り乱したり病気ではないかと思いがちだが、「正常な発達段階」であることを本人も周囲も認識すべきだと推奨される。そして、「正常な人生半ばの発達課題」を達成して成人が発達を続けることを提示したのである。

レビンソンは、後年、女性を対象にした研究を行い、女性も男性と同様に移行期と安定期があることを示したが、女性の場合は、さらに外的に異なる資源と制約の中で発達課題に取り組むことになると指摘している[8]。

（4）カール・ユングの生涯発達論

　人は成人期以降も成長・発達し続けるという考え方を、人生後半の自己実現という観点から説いたのはスイスの心理学者ユング（Jung, C. G.）である。彼は、人の一生を太陽の一日の動きに沿って、出生して東から西に向かって歩いていく道程になぞらえて、40歳前後を「人生の正午」と位置づけている。正午を境に太陽が照らす部分と影が逆転するように、人生の前半と後半では、光の当たる部分、つまり重要に見える部分が変わってくる。人生の前半では、光は背後からこれから向かう方向に当たり、「労働と愛による社会的位置の確立」が重要な関心事となる。そして、光が前方からこれまで歩んできた道を照らす人生の後半は、太陽が沈んでいくような「衰退」にある一方で、自分の内面の声を聞きながら自我をより高次の次元で統合していく「自己実現」のプロセスなのだという。

　ユングは「個性化」という概念を提示する。それは、個人の存在が形成され差異化していくプロセスであり、個人が心理的な発達をとげて、一般的なものや集合心理とは異なった存在になることである。ただし、個性化のプロセスは集団や社会からの「分離」ではない。たとえば、「植物が自らの独自性をできるかぎり展開しようとするならば、何よりもまず自分が植えられている土壌の中で成長できるようにならなければならない」[9]というように、個人のパーソナリティを社会集団との関係でとらえている点は、後世の成人教育学の理論的枠組みに影響を与えている。

　以上、青年期以降も人は成長し発達することを明らかにした代表的な生涯発達論を検討してきた。こうした研究の中では、成人は人生において発達上の問題と変化に直面したときに、学習活動に参加する傾向があることも示されており（次章参照）、成人学習者を理解するうえで示唆を得られるものである。しかしながら、検討してきた生涯発達論はそれぞれ一般化をめざした理論ではあるものの、特定の社会の特定の層を対象とした調査研究から導

かれており、異なる社会や文化、時代の学習者たちに該当するとは言い難い。発達に影響を与える重要な要因には、ジェンダー、人種、階級、民族、性的指向などがあることを多くの成人教育研究者が指摘している。

　また、学習を援助する立場にあっては、この年代の人にはこの「学習課題」というように、個々の学習者自身のニーズをふまえずして、外から学習課題を提供するためのものではないことに留意したい。次章で述べるように、学習者自身が自らの学習ニーズに基づいて学習課題を設定し、学習活動を計画、遂行していけるように援助することを、成人教育学では志向しているのである。

確認問題

（1）生涯学習理念の展開の中で、おとなの学習者はどのような存在と想定されてきたか。
（2）各発達課題論におけるおとなの発達の可能性はどのようなものか。

〈註〉
1) M. ノールズ『成人教育の現代的実践——ペタゴジーからアンドラゴジーへ』堀薫夫・三輪建二監訳、鳳書房、2002年、pp.7-8。
2) P. クラントン『大人の学びを拓く』入江直子・豊田千代子・三輪建二監訳、鳳書房、1999年、p.5。
3) R. J. ハヴィガースト『人間の発達課題と教育』荘司雅子監訳、玉川大学出版部、1995年、pp.25-28。
4) 同前、p.24。
5) E. H. エリクソン、J. M. エリクソン『ライフスタイル、その完結』村瀬孝雄・近藤邦夫訳、みすず書房、1989年、p.88。
6) 同前、pp.151-165。
7) D. レビンソン『ライフサイクルの心理学（上）』南博訳、講談社、1992年。
8) Levinson, D. J. and Levinson, J. D., *The seasons of a Woman's Life*, New York, Ballantine, 1996, pp.36-37.
9) C. G. ユング『タイプ論』林道義訳、みすず書房、1987年、pp.472-473。

〈より深く学習するための参考文献や資料〉
・堀薫夫編『教育老年学の展開』学文社、2006年（老年期の学習やエイジングについて、詳しく書かれている）。

第5章　おとなの学習者の特性をふまえた学習理論

> 本章では、おとなの学習者としての特徴をふまえた学習援助論であるアンドラゴジーと、それを批判的・発展的に継承したポスト・アンドラゴジー論をおさえる。さらに、インフォーマルな状況での学習、さまざまな学習の志向性について検討する。これらは、成人の学習を援助する立場の人々に向けられた理論であるが、皆さん自身の学習をとらえ直し、発展させること、また、他者との相互の学びに活かすことができるだろう。

キーワード　アンドラゴジー、自己決定型学習、意識変容の学習、状況的学習論

1　アンドラゴジー

　アメリカの成人教育学者ノールズ（Knowles, M. S.）によれば、成人教育が体系的に組織化され始めたのは1920年代からで、それ以前は、教育学といえばもっぱら子どもを対象としていた。「ペダゴジー」すなわち「子どもを教育する技術と科学（the art and science of teaching children）」は、子どもに読み書きや簡単な技能を教えることから発展したのであるが、成人を教える教師たちはペダゴジーで示される「学習者の特性」が、成人学生にはあてはまらないようだと気づき、ペダゴジー的な方法論に問題を感じたという。

（1）アンドラゴジーの体系化

　おとなの学習に関連する分野の多くの知識は1960年代に蓄積され、臨床心理学、生涯発達心理学、老年学、社会学、人類学などから得られた知識が、包括的な成人学習理論へと融合されていった（第8章参照）。ノールズは、当初、ペダゴジーと対比させて、「アンドラゴジー」を「成人の学習を援助する技術と科学（the art and science of helping adults learn）と定義し、体系化した[1]。なお、後年では、ノールズは青少年の教育においてもアンドラゴジ

ーがすぐれた学習成果を出すこと、成人学習者であってもペダゴジーが適切な場合があることを挙げ、「対比」ではなく、配置図の両端として見たほうが現実的であると述べている。

(2) 成人学習者の特性

アンドラゴジーは、学習者の特性に関する次のような考え方から成り立っている。人間が成熟するにつれて、①自己概念は、依存的なパーソナリティのものから、自己決定的な人間のものになっていく、②人は経験をますます蓄積するようになるが、これが学習のきわめて豊かな資源になる、③学習へのレディネスは、ますます社会的役割の発達課題に向けられていく、④学習への方向づけは、教科中心的なものから課題達成中心的なものへと変化していく、というものである。以下、これらをひとつずつ検討していく。

①自己決定性

ノールズは、人がおとなになるにつれて増大する「自己決定性（自分のことは自分で決めたいという深層心理）」を高めるよう援助するのが成人教育者の役割であるという。学習者が子どもの場合には、教師が社会的要請によって学習のニーズや目的、方法、内容を決定する。一方、おとなの場合、学習の目標や内容、方法の選択に学習者みずからが参画し進められるように、すなわち学習者の自己決定的（self-directed）な学習を援助するのが成人教育者の役割となるのである。

一方、ノールズは、おとなが生活のさまざまな側面において自己決定的であったとしても、「教育」という名のついたさまざまな活動に入った瞬間から、「教えてくれ」という態度をとることに注目している。教師がそれを額面通りに受け止めて「依存的な人間」として扱うと、おとなは受動的な学習者のモデルと自己決定的でありたいという深い心理的ニーズとの間で葛藤を起こすのだという。

②経験

学習者の経験について、ノールズは次のように説明している。

成人は、自分の経験から自己アイデンティティを引き出す。彼らは、自分たちが蓄積してきた一連のユニークな経験から自己定義を行う。したがって、もしあなたが成人に、「あなたはだれですか？」とたずねたならば、彼らは、自分の職業や労働経験、旅行の経験、あるいは、どんな訓練と経験の準備を行い、そして何を達成してきたのかといったことを述べることで、自己を定義づけようとするであろう。成人とは、彼らが行ってきたことそのものなのである。

　成人が主として自分の経験によって自己の定義づけをするからこそ、彼らはそれに深い価値づけを行う。したがって、彼らは、自分たちの経験が活用されないような状況にいることやその価値が見下されていることがわかると、単にその経験のみが拒絶されているのではなくて、人間としても拒絶されていると感じてしまうのである[2]。

　ノールズは、このことをふまえ、①成人の経験を学習資源とする（互いの経験の交流から学びあう）こと、②経験的な技法（話し合いやグループワークなど）を用いること、③経験の「解凍」を行うこと、という3点を学習への示唆として提示している。

　従来、大学や大学院など学術的な探究を行う場の討議においては、発言に客観性や合理性が求められ、学習者の経験は主観的、個人的なものとして排除される傾向にあった。しかし、ノールズは、新しい概念や一般化された知識が「学習者の側の生活経験によって具体的に説明される」よう配慮すべきだと述べる。学習者がただ受動的に知識・概念を受容するのでなく、自分の生活経験に関連づけて理解し、役立てていけるような援助を要するというのである。このことはまた、学習経験においても、学習者が自らの学習経験を開拓していくことがめざされている。そのため、「経験的な技法」、すなわち成人の経験を引き出し開発する技法として、集団討議法、事例検討、ロールプレイング、プロジェクトといった方法論など、学習者が参加する学習方法が提示されている。

　③の経験の「解凍」（unfreezing）について、自ら蓄積してきた経験や知識をもとに思考を重ねる成人は、多くの固定した思考の習癖やパターンを有

しており、この点では開放的ではないとノールズは指摘しており、成人が、自分自身をより客観的にながめ、先入観から自分の精神を解放できるような援助が推奨されている。

③学習へのレディネス

人は、どんな状態や時期になったときに学習を始めるかという学習への「レディネス」について、子どもは発達に応じて教育の適時期があり、年齢集団に対して教育が計画される。一方、成人にも、第4章で説明されたように「発達課題」の社会的役割と関連づく学習が求められる時期がある。しかし、同時期の集団が一律に学習に向かうのでなく、各々が現実生活の課題や問題にうまく対処しうる学習の必要性を実感したときに、学習へと結びついていくのである。

④学習への方向づけ

子どもにとって学習は教科内容を習得するプロセスであり、知識や技能は、人生のもう少しあとに役立つことになる。子どもが「学校の勉強は何の役に立つの」と悩む一因はここにあろう。一方、おとなは、学んだ知識や技能を実生活ですぐに応用できるように望み、学習は、自分の生活上の可能性を十分開くような力を高めていくプロセスとなる。

これらが、おとなの学習者としての特徴で代表的な「4つの前提」といわれるものである。また、ノールズは「学習への動機づけ」について、子どもは、外部からの賞罰（成績によって褒美がもらえたり、叱られたりすること）が動機づけとなるが、おとなの場合、内的な誘因や知的好奇心、自己実現に結びつくか否かが学習の深まりや展開に影響を与えるという。

さらに、ノールズは晩年の著作で、「成人は、学習を開始する前に、なぜその学習をするのかを知る必要性がある」[3]と述べている。おとなの学習者は、自分が何をなぜ学ぼうとするのかを改めて問い直し、確認し、自覚する必要があるいうことである。

表5-1 学習についてのペダゴジー・モデルとアンドラゴジー・モデルの考え方とプロセスの諸要素

考え方			プロセスの諸要素		
要素	ペダゴジー	アンドラゴジー	要素	ペダゴジー	アンドラゴジー
学習者の概念	依存的なパーソナリティ	自己決定性の増大	雰囲気	緊張した、低い信頼関係、フォーマル、冷たい、離れている、権威志向、競争的、診断的	リラックスした、信頼できる、相互に尊敬しあう、インフォーマル、温かい、共同的、支持的
学習者の経験の役割	学習資源として活用されるよりは、むしろその上に積み上げられるもの	自己および他者による学習にとっての豊かな学習資源	計画	主として教師による	教師と学習支援者とが相互的に
学習へのレディネス	年齢段階ーカリキュラムによって画一的	生活上の課題や問題からの芽生えるもの	ニーズ診断	主として教師による	相互診断による
学習への方向づけ	教科中心	課題・問題中心的	目標の設定	主として教師による	相互調整による
動機づけ	外部からの賞罰による	内的な誘因、好奇心	学習計画のデザイン	教師による内容の計画 コースの概要 論理的な順序づけ	学習契約 学習プロジェクト レディネスにもとづく順序づけ
教師主導型学習の理論と実践が土台としているものは、しばしば「ペダゴジー」と呼ばれる。これはギリシャ語のpaid（子どもを意味する）とagogus（指導者やリーダーを意味する）に由来する。ペダゴジーはしたがって、子どもを教える技術と科学と定義づけられる。			学習活動	伝達的技法 割り当てられた読書	探求プロジェクト 個人学習　経験 開発的技法
自己決定学習の理論と実践が土台としているものには、「アンドラゴジー」というラベルがつけられつつある。これはaner（成人を意味する）というギリシャ語に由来する。アンドラゴジーはしたがって、成人（あるいはより適切な言い方をすれば、成熟した人間）を支援する技術と科学と定義づけられる。			評価	教師による集団基準（正規曲線）による	学習支援者、専門家によって判定された、学習者が集めた証拠による 達成基準による

ペダゴジー・モデルとアンドラゴジー・モデルという二つのモデルは、悪い／良いという評価や子ども／成人という区分を示すものではなく、むしろ、特定の状況において特定の学習への適切さという点から検討されるべき、考え方の連続体を示している。もしある状況においてペダゴジー的な考え方が現実的であるならば、ペダゴジー的な方策のほうが適切であろう。例えば、ある学習者が完全に今までとは異なった学習内容領域に参加する場合には、その学習者は、自己決定的な探求を開始できるほど十分に内容を理解するまでは、教師に依存的であるほうがよい。

M. ノールズ『成人教育の現代的実践』2002年、p.513

(3) 自己決定型学習

　おとなの学習者としての特徴をふまえると、アンドラゴジーでは、教育者と学習者が、「教える—学ぶ」という一方向の関係ではなくなり、教育者の役割は、学習者の学習計画・活動への参画を援助することにシフトする。

　学習のプロセスにおいては、学習者と教育者（学習支援者）が相互に調整しながら、学習ニーズを把握し、学習目標を設定し、それに基づいた計画を策定し、方法を選んで、学習活動を進め、教育者（学習支援者）の評価とともに、学習者の自己評価を経て、さらなる課題に向けて学習が展開していく。この一連のプロセスを「自己決定型学習」という。

　たとえば学習を始める際には、学習者が、自分がなぜ、何を学ぶべきか知る（自覚的になる）ためにも、学習支援者にとっては、学習者の学習ニーズや、学習状況などを把握するためにも、十分に時間をかけて学習者の自己紹介を行い、学習の場への参加動機などを語ってもらうといった方法がとられたりする（学習方法については、第6章を参照）。

　ノールズが、「自己決定型学習」を展開するうえで重視しているのが、学習が行われる場、すなわち「学習のための組織構造」である。教育者と学習者の役割が固定され、硬直化した組織では、学習者が参画していく余地はない。組織メンバーが尊重され、表現の自由が保障され、方針決定への参加が可能となり、目標・活動・実施・評価に相互責任をもつことをよしとするような組織で、「自己決定型学習」が可能となるのである。

2　アンドラゴジーの発展的展開

(1) Aさんの事例

　社会人として働いていたAさんは、病気をして仕事を辞め、療養生活を送った。家族や医療者の世話を受けながら、病気があっても主体的に生きるにはどうすればよいのかを考えるうちに、Aさんは「生涯学習」という学問を知った。健康を取り戻したAさんは大学に社会人入学し、生涯学習論や成人教育学を学ぶうちに、アンドラゴジーへの関心を深め、大学院に入学して「成人教育学研究室」の門をたたく。

いよいよ成人教育学のゼミに参加したAさんは、あふれんばかりの期待を胸に抱いている。社会人学生の多いこのゼミは、さまざまな背景・職業をもつ人が参加しており、初日、一時間をかけて行われた自己紹介では、皆の問題意識に触れ、いっそう胸が高鳴る。さて、Aさんの学部時代、ゼミでは、教員が文献リストを提示し、報告者を割り振りし、報告者が担当文献の要約と論点を示して議論をすることが一般的であった。しかし、この成人教育学のゼミは、教員からの「皆さんで読む文献を決めて、スケジュールを計画してください」という指示で始まった。

確かに、受講者は皆、成人教育学に関心をもって集まってきたが、学び始めたばかりでは、何をどのように読めばよいのかもよくわからない。とりあえず、互いが検討してみたい文献を持ち寄ろうということになる。次の週は、それぞれが持ってきた文献を紹介しあう。そして、これをどのように検討していけば、それぞれのニーズや関心に沿い、学びを深めていけるのか、全員で読むか、グループに分かれるか、それが翌週以降の課題となる。

Aさんは、一向に始まらないゼミにとまどい、腹をたて、「いったいいつになったら、文献の討議ができるのだろう」と不安になった。他のゼミは、とっくに始まっているのに、5月に入っても、まだ「何を、どの順番で報告するか」というスケジュール調整が終わらないのである。

(2) 到達目標としての自己決定型学習

ノールズが体系化し提唱した「アンドラゴジー」理論は、米国のみならず、日本でも支持され、普及していった。しかし、それは学習現場に混乱を巻き起こすこととなる。

ノールズのアンドラゴジーを批判的・発展的に展開したカナダの成人教育学者クラントン（Cranton, P. A.）によれば、学習者たちは、職業生活や私生活では独立した自己決定的な存在として、何をなすべきか、どう進むべきかを自ら決定するにしても、講座やワークショップや研修に「学習者」として入ると、「講師やワークショップのリーダー、職員研修担当者に対しては、自分たちよりも豊富にもっているはずの知識を、できるだけ楽な方法で授けてくれるよう期待する。このような期待が裏切られると学習者は混乱し、と

まどい、腹を立て、学習者としての自分の権利が無視されたと感じる」[4]のである。

　クラントンは、学習者がこれまでとは異なる見方や理論、方法をあまり知っていないという制約を受けており、ペダゴジー的な方法論が必要な場合もあると示唆する。さらに、おとなの学習者の「自己決定性」を学習者がすでにもっている「特性」ではなく、学習しながら獲得していくものであるととらえ直している。学習を進めるプロセスの中で「自己決定型学習」が身についていくのであって、自己決定型学習ができるようになることは「到達目標」であると同時に、「（教育者が援助できる）成長プロセス」であり、成長の成果（価値観や技術、行為の変化）としても見ることができる。

　また、ここで留意すべきは、自己決定型学習は、個人が周囲や他者から影響やコントロールを受けないような「個人学習」とは区別され、むしろ集団での学習が意図されていることである。自己決定型学習は、他者と関わり合うプロセスであり、その他者の一人が教育者なのである。

　自己決定型学習を身につけていくにあたり、あるいは学習を展開するうえで、なぜ他者の存在が必要となるのかについては、次項以降でさらなる観点から検討していく。

　クラントンは、自己決定型学習のプロセスをモデル化して描いている（次ページ図5-2参照）。ここで、先ほどのAさんの事例に戻ってみよう。Aさんは、自分たちだけで学習を計画するという初めての経験に戸惑っている。しかし、そうしながらも、教室の片隅でにこやかにやりとりを見ている教員は何を求めているのだろうと状況を見極めようとしたり、今日のやりとりで学べたことはあったかなどと個人的なふり返りを行ったりする。そして、ようやく、グループに分かれて文献を読み合い、全体で共有することが決定し、毎回、活発な議論が交わされると、精神的にも安定してきて、自分たちで学習の場を創っていることが実感され、さらに学びを深めるために自主ゼミを結成しようという動きにAさんも積極的に参画していくのである。

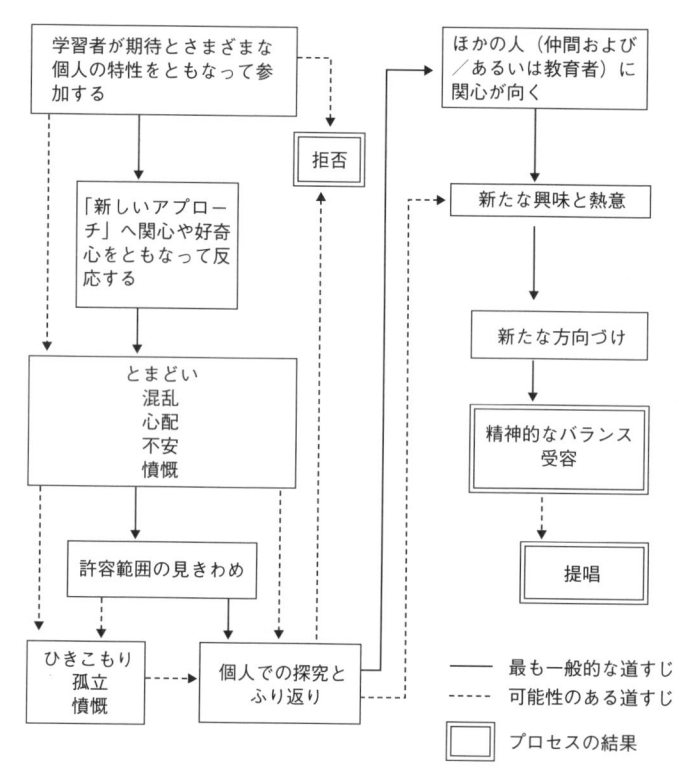

図5-2　自己決定型学習をめざす取り組みのプロセス
P. クラントン『おとなの学びを拓く』1999年、p.151

さて、Aさんは、なぜゼミがいつまでも始まらないのかと戸惑っていた時期、すなわち文献を選択し、スケジュールを調整していた時期が、グループでの自己決定型学習であったことに、あとになってから気づいたという。それまで、Aさんにとっては、文献を読んで内容について議論することが「学習」であった。ゼミ仲間の中で自分の問題関心を話し、他者の関心を聴き、興味ある文献を紹介し合い、どう読めば自分たちの学習成果になるかを共同で検討するその過程こそが「自己決定型学習」のプロセスであったのだが、それまで、そのような学習経験がなく、かつ、「学習観」が固定的であった

がゆえに、気づかなかったというのである。

（3）意識変容の学習

　クラントンは、一人ひとりの学習者は、自分がしてきたさまざまな経験、行動を方向づける哲学、習得している価値観、個人の生活や社会グループあるいは文化の中に存在する自律性、そしてその人の背後にあるその他の多様な影響や構成要素などが混ざり合った存在であると述べている。学習によって、子どもは「形をつくっていく（forming）」のに対して、おとなは「形を変えていく＝変容していく（transforming）」。ゆえにおとなの学習は、「思考、価値観、態度の変化につながるおとなの一連の活動もしくは経験」5)と定義される。

　経験は、一人ひとりが自分のまわりの世界を理解する方法や、彼らが身につける前提（行動や価値観の根拠となるもの）、彼らがもっている信念や知識を形作るのであり、これまでの経験が、新しい学習のプロセス、つまり変化と成長と変容のプロセスの土台となるのである。

　クラントンは、アメリカの成人教育学者メジロー（Mezirow, J.）の提唱する「変容的学習論」を学習支援の実践的観点からとらえ直した。クラントンの「意識変容の学習」とは、その人自身が、考え方や行動の前提（根拠となっているもの）をふり返る学習であり、「自己を批判的にふり返ろうとするプロセスであり、私たちの世界観の基礎をなす前提や価値観を問い直すプロセス」6)である。

　クラントンが提示した図の左上のように、通常、何事もなければ学習者の「パースペクティブ」（ものの見方、あるいはものの見方の枠組み）は安定している（次ページ図5-3参照）。意識変容のプロセスは、学習者の基礎的な前提に疑問を投げかける周囲の人や出来事、社会的背景の変化によって刺激を受けることによって促される。

　たとえば、学習の場面に目を向けるならば、学習者のもつ価値観や期待や前提が、学習者それぞれが学んでいる環境がもつ価値観や期待や前提と一致していれば、学習しやすくなるのであるが、そうでない場合、学習と矛盾したり、制約として働く場合もありうる。先のAさんの事例では、Aさんの学

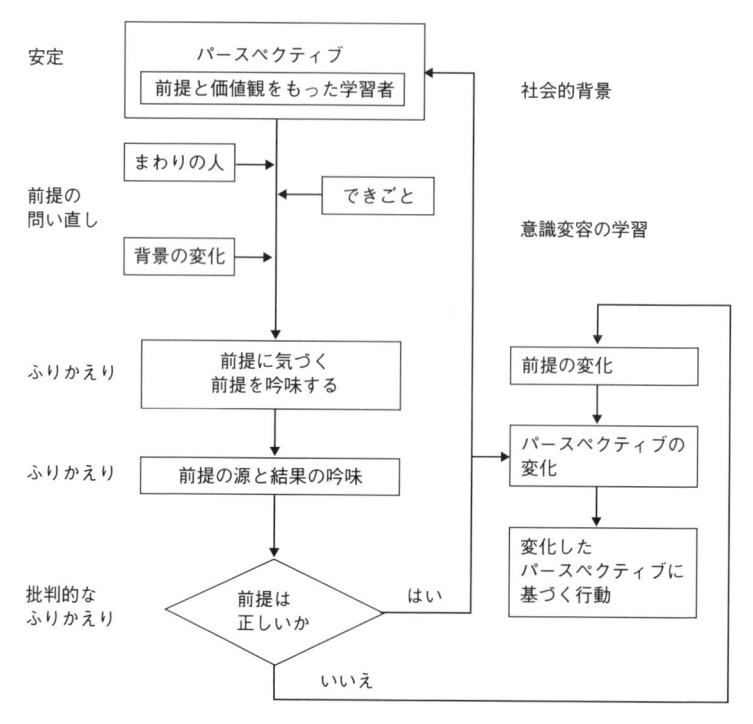

図5-3 意識変容の学習のプロセス
P. クラントン『おとなの学びを拓く』1999年、p.206

習観と行われている学習が一致しておらず、Aさん自身はそのことに気づいておらずに混乱のプロセスを経験している。Aさんは、自分の学習観やこれまでの学習経験をふり返り、新たな学習方法を受け入れて学習を進めていくことにしたのである。

　ふり返りのプロセスにおいては、前提の源（前提を形作っているもの）や、前提をもち続けた場合に予測される結果が検討され、前提は妥当であるのかを考えることにつながっていく。自らが受け入れていた前提を問い直すことは、批判的にふり返るプロセスであり、意識変容の学習となる。

　しかし、クラントンは、人が抱いている前提と価値観は根強いものなので、ふり返りのプロセスが組み入れられなければ、人は自分の前提について吟味

するために立ち止まることはないと述べている。そこで、学習の場においては、学習者が自らの経験（自分にとって重要な意味をもつ経験や、学習・活動経験など）を記述したり、他者に語ったり、あるいは学習支援者や他の学習者の問いを受けることによって、自らの経験をとらえ直せるような「ふり返り」の機会を設けることが多い。

ここで留意すべきは、意識変容は性急に求められるものではなく、また、他者が教え込むこと（教化）によるものではないということである。さらに、問い直した結果、もとの意見や価値観に戻っても、問い直しのプロセスを経て、ものの見方の枠組みは広がっているので、意識変容の学習は行われているといえよう。ただし、成人教育者によっては、行動の変容が起きることを重視している立場もある。

ふり返りは、学習者のみならず、学習支援者がよりよい学習支援の実践を行い、あるいはその力量をつけるうえでも重要な方法論であり、実践の哲学といえるものでもある（第6章参照）。

（4）参加することによる学び

ここからは、組織化された学校教育や社会教育とは異なる学びの形態について、前節とは異なる観点から検討していこう。

近年、ボランティアやNPOの活動においての学びが注目されており、たとえば、環境問題に取り組むNPOのメンバーは、環境問題の動向や専門的知識・対応策について学ぶだけでなく、活動を維持・発展していくための組織のあり方について、あるいは、地域住民への啓発活動のあり方について学ぶ。また、スタッフ間の人間関係や関連組織とのやりとりから自然に学んでいることもあるだろう。必ずしも学習を目的とした活動や組織でなくても、そこに参加することによって、人はインフォーマルに学んでいるようだ。

レイヴとウェンガー（Leve, J. and Wenger, E.）の「状況に埋め込まれた学習」[7]論（以下、「状況的学習論」）は、社会的な実践共同体への参加による学びに着目した学習論である。知識が内化される過程を学習とみなすのに対し、レイヴとウェンガーは、徒弟制に注目して事例を研究しながら、実践共同体への参加による学習をいう考え方を提起した。人間の理解やコミュニケ

ーションは、その人の存在する「状況」から影響を受け、あるいは、状況に影響を与える。レイヴとウェンガーは、どのような社会的関わり合いや社会的文脈によって学習が生起するのかを探究し、それを「状況に埋め込まれた学習」（状況的学習）という。

レイヴとウェンガーは、人々が実践共同体に参加し、役割を担っていく過程を「正統的周辺参加」（legitimate peripheral participation）とみなした。「正統的周辺参加」は、それ自体は教育形態ではないが、学習を分析的に見るひとつの見方であり、学習というものを理解するひとつの方法である。

たとえば、料理店に弟子入りした若者は、最初から料理に関わらせてもらえるわけではない。皿洗いや鍋磨きから始め、仕事の傍らで先輩料理人の技や方法を盗み見て覚え、そのうちに皮むきや下ごしらえなどを担当するようになり、徐々に中心的な役割を担うようになる。つまり、最初は「十全的参加」（full participation）とはいえないが、共同体の一員として「正統的」に、かつ「周辺的」に参加しながら、いずれは中心的役割を担えるように学んでいるのである。NPOやボランティア活動といった実践共同体に参加した場合も、最初は周辺的な参加から始まり、徐々に組織の中核として成長していくことが見込まれる。また、レイヴとウェンガーは、子どもたちは、おとなの現実社会の正統的周辺参加者であると位置づけている。

レイヴとウェンガーが述べるように、正統的周辺参加の理論的意義は、単に現場で学ぶこと、あるいは「為すことによる学習」にとどまらず、学習が「社会的実践の統合的かつそれと不可分の側面」であることを示し、「（時間を通し、文化にまたがっての）相互結合関係の豊かさ」から導かれることにある。なお、レイヴとウェンガーの理論は、「実践コミュニティ」論として発展するが、それについては第3部を参照されたい。

（5）学習・教育のさまざまな志向性

アメリカの成人教育学者フール（Houle, C. O.）は、著書『探究する精神』において、学習活動に参加している成人の学習動機を3つのタイプに分類している。第1のタイプは、「目標志向型」であり、教育・学習を特定の目的を達成するための手段として用いている。第2のタイプは、「活動志向型」

表5-4　人間がもつ関心と知識の3タイプ

関心・知識のタイプ	方法論	科学のあり方
技術的関心・道具的知識	因果関係によって理解する伝統的な科学の方法論	自然科学（実験的科学）
実践的関心・実践的知識	意味を理解する 一人ひとりの間の相互理解	解釈的あるいは説明的科学
解放的関心・解放的知識	価値観や枠組みを形作っている社会規範や社会構造を問い直す	批判的社会科学

P. クラントン『おとなの学びを創る』入江直子・三輪建二監訳、鳳書房、2004年、pp.23-29をもとに作成。

であり、活動自体と人間関係のやりとりに何らかの意味を見出して学習に参加しており、それは提示された学習内容とは関連がない場合があるという。たとえば、学習の場に仲間づくりに来るということなどがあろう。第3のタイプは「学習志向型」であり、知識の獲得自体に意味を求めるというものである。そして、これらのタイプは完全に独立しているのではなく、縁が重なり合う3つの円のように、それぞれの性質を併せ持つことが多い。フールの分類から、成人学習者の学習ニーズには、語学や歴史、科学やスポーツといった学習活動のテーマ・内容とともに、ひとくくりにはできない多様性があることがわかる。

一方、クラントンは、ドイツの社会学者ハーバーマス（Habermas, J.）の「人間の関心と知識のタイプ」を応用したメジローの議論を、さらに学習者や教育者の関心・知識の志向性の視点から3つに分類[8]している。

①技術的関心・道具的知識

人々には外的環境をコントロールしたいという欲求があり、外的な問題を、因果関係を解明して知識や技術を道具のように用いることによって、解決しようとする。これは、伝統的な科学の方法論に依拠するものであり、たとえば、医学では、病気の原因を解明し、科学的に実証された根拠に基づく治療法を適用する。しかし、実証的、客観的な合理性を優先し、人間の内面

や人々の関係性までをも説明しようとし、教育のような活動のあいまいさや、実践現場、状況のもつ複雑さをとらえ損ないかねないのである。

②実践的関心・実践的知識
　実践的関心とは、他者を理解し、理解されたいという欲求から生じ、個人や集団、文化のニーズに見合った社会的行動への関心を含む。実践的関心の追究によって、人々のあいだの相互理解やコミュニケーション的行為の意味が明らかにされ、実践的知識となるのである。教育は、相互理解と、個人と集団のニーズの充足と、社会変革という目的をもった個人間のコミュニケーションを含んでおり、実践的関心や実践的知識に基づいているといえる。しかし、相互に理解可能な主観的関心や主観的解釈にとどまっていては、社会規範や価値観を乗り越えて成長することが難しく、社会や制度をよりよく変えていくことには結びつかないのである。

③解放的関心・解放的知識
　解放的関心は、現状を越えて成長し発達したいという欲求から生じる。人々は自己の知識や自己認識、自分自身を形作っているものを理解することに関心があり、これには、自己や社会の歪みから自由でありたいという欲求を含む。自分自身や他者を形作る社会規範や価値観を批判的にふり返ることにより、現状をとらえ直し、自分、あるいは自分をとりまく社会をよりよく変えていくための解放的知識が獲得されるのである。
　クラントンは、この3つのどれもが重要であると主張している。しかし、学問の世界では、伝統的な自然科学に依拠する技術的関心が支配的であり、合理性や効率を追究することへの批判から起こった実践的知識や解放的知識を追究しながらも、合理性や効率を求めるようなことが起こりがちである。たとえば、退職後に、職業で培った専門知識を地域の人々に教えたいと考える男性が、ボランティア講師養成講座に参加したとしよう。この男性は、地域の人々に自分のもっている知識を効率的に伝授する方法を学びたいと表明している。しかし、講座の企画運営を行う学習支援者は、この男性は、まず、地域の人々が何を求めているのか地域の学習ニーズを把握する必要があるだ

ろうと考え、講座の他の参加者とのやりとりを通して実践的に学んでほしいと、話し合いの機会を設定する。また、「効率的に知識を伝える」という教育観を男性が問い直せるような学習支援のあり方が検討されるかもしれない。クラントンの3つの分類は、成人学習者、学習支援者の双方にとって、自分がどの関心から学習や学習支援を進めようとしているのかを問い直す視点となりうるものである。

確認問題

（1）成人学習者の特徴にはどのようなものがあるか。
（2）クラントンは自己決定型学習をどのように位置づけたか。
（3）意識変容の学習とは何か。

〈註〉
1）M. ノールズ『成人教育の現代的実践――ペダゴジーからアンドラゴジーへ』堀薫夫・三輪建二監訳、鳳書房、2002年。
2）同前、pp.49-50。
3）Knowles, M. S., *The Adult Learner: A Neglected Species* (3rd ed.) Gulf Publishing Company, 1984, p.55.
4）P. クラントン『おとなの学びを拓く』入江直子・豊田千代子・三輪建二監訳、鳳書房、1999年、p.145。
5）同前、p.5。
6）同前、p.204。
7）J. レイヴ、E. ウェンガー『状況に埋め込まれた学習』佐伯胖訳、産業図書、1993年。
8）P. クラントン『おとなの学びを創る』入江直子・三輪建二監訳、鳳書房、2004年。

〈より深く学習するための参考文献や資料〉
・M. ノールズ『成人教育の現代的実践――ペダゴジーからアンドラゴジーへ』堀薫夫・三輪建二監訳、鳳書房、2002年（「アンドラゴジー」を体系化した古典的名著である）。
・P. クラントン『おとなの学びを拓く』入江直子・豊田千代子・三輪建二監訳、鳳書房、1999年（アンドラゴジーを批判的・発展的に継承している。学習者・学習支援者双方にとって、自らの学習や教育実践を問い直し、理解し発展させることに役立つだろう）。
・J. メジロー『おとなの学びと変容』金沢睦美・三輪建二監訳、鳳書房、2012年（意識変容の学習・変容的学習の理論が説明されている）。

コラム4：「〜あるべき」を問い直してみよう

　今回も、「成人の学習論」の授業や研修で行うグループワークを紹介したい。課題のエピソードは、小学校の家庭訪問先の貧しい家庭で、出された菓子に教師が手をつけなかったので、母親が教師に菓子を持たせると、教師はそれを帰り道で捨ててしまい、後をつけていたその家の児童に目撃されるというものである。エピソードを紹介した直後に、教師に共感できるかできないかを聞くと、受講生の8〜9割は「共感できない」に手を挙げる。怒って顔をゆがめている人も見られる。そこで、グループワークでは、この教師の行為に納得できるような理由があるとしたら何か、アイディアを出し合ってもらう。

　「学校の規則で受け取れなかった」「生活習慣病で節制中だった」「菓子が嫌いだが、教師なりに気を遣って受け取った」「教師が外国人で菓子が食べ物だとわからなかった」「単純に落としたのに、児童に捨てたと思われた」……。正解があるわけではない。ただ、「共感できない」で終わってしまうのでなく、複数の人と角度を変えて考えてみることで、それまでの見方を問い直してもらいたいのである。たとえば、教師は児童に菓子を食べさせたかったが、直接渡せばプライドを傷つけるかもしれないので、児童にわかるように道端に置いたのだとしたら……。

　教師の行為の善し悪しが問題なのではなく、共感できたりできなかったりする背景に、個々のもっている価値観があり、とくに自分の価値観と合わないときは、反発して見方が一方的になってしまいがちであること、また、他者と考え合うことで、ものの見方の枠が広がる可能性があるということである。

　また、教育は、その時代や社会で良しとされる価値を伝える役割をもつがゆえに、教育者は「〜べき」という方向に陥りやすい。この事例でも、教師は子どもや保護者を思いやるべきであると考える人は多いのだが、思いやりの形はひとつではない。自分の中で「〜べき」と考える理由をもう一度問い直してみることも、自分のものの見方に気づくことにつながるのではないかと考えている。

第6章　学習支援者の役割と学習方法

アンドラゴジー、ポスト・アンドラゴジーで提起された学習支援者の役割と学習方法論を検討する。さまざまな役割や学習方法論を、ただツールとして用いるのではなく、役割や学習方法論の背後にある教育観・学習観を考察してほしい。

キーワード　学習支援者の役割（他者決定型、自己決定型、相互決定型）、省察的実践者、省察（ふり返り）

1　学習の形態・方法

　学習活動は、学習の目標に応じて講座、グループ学習、個人学習などさまざまな形態で行われ、学習の方法も同様である。前章で述べたように、アンドラゴジーでは「経験開発的技法」として、学習者が学習活動に主体的に関わりながら学ぶことが推奨されている。

　経験開発的技法のひとつである「参加型学習」とは、学習者が話し合いやグループワークを通して経験から主体的に学ぶ方法であり、学習者間の対話や交流を核とした相互作用による学び方を重視したものである。近年では、「ワークショップ」が開催されるが、これは、「講義など一方的な知識伝達のスタイルでなく、参加者がみずから参加・体験して共同で何かを学びあったり作り出したりする学びと創造のスタイル」[1]である。参加者がそれぞれ異なる知識や経験の相互発信を通じて学習が進められる。

　ワークショップで用いられる技法には、次ページの表6-1のようなものがある。

　ワークショップは参加者の主体的参加を重んじた方法ではあるが、ともすれば「楽しい」だけで終わってしまったり、ワークショップに馴染めない参加者が「やらされ感」を抱いたり、参加者が主催者の意図を読んで、主催者の期待通りに動こうとするといったことが起きがちである。

　また、ワークショップの企画運営を行う学習支援者にとっても、第5章第4

表6-1　ワークショップで用いられる技法

アクティビティ	方法	目的／期待される成果など
ブレーンストーミング	グループで自由な発想でアイディアを出し合う。良し悪しの判断をせず、自由にアイディアの量を求め、互いのアイディアを改善したり結合したりする。	イメージの整理、課題の確認、課題解決のアイディアを出す場合に用いられる。
KJ法	川喜田二郎氏の考案した問題解決技法。学習者のアイディアや意見をカードや付箋紙を使用して収集し、カードをグループにして名前をつけたり、グループごとの関連を図式化する。	学習者全員の意見を反映させることができる。
ロールプレイ	学習の内容に応じた場面設定をし、学習者が役割を分担して演技することにより、様々な立場の意見や考えを理解し、多様な視点を育てる。	現実の問題を模擬的に演じることにより、感情を自由に表現する。他者の立場に立って考えたり感じたりすることができ、共感的な理解を図る。
シミュレーション	暮らしや社会の中でより深く理解する必要のある課題について、一定の状況を模擬的に設定して、体験的に行動・活動し学ぶ。	これまで体験したことのない状況におかれた場合の考え方や人間の心理について学び、理念ではなく体験としての新しい発見を得ることができる。
フィールドワーク	参加者がテーマをもって現地にでかけ、見る、聞く、触れる、調べるといった五感を働かせた活動を展開し、地域の実情や歴史的経緯等に触れる。	課題解決について、具体的事実や歴史資料、実物等を発見し身近なものとして考える。地域の課題、資源、人材等を学習者が発見することができる。
ネイチャーゲーム	自然を五感で体験し、自然をみつめ自然と共生できる直観力を養うために開発された自然をフィールドとするゲーム。	地域の自然の体験的理解や、身近な自然からものの見方や考え方を形成していく環境教育として有効である。

参照：廣瀬隆人・澤田実・林義樹・小野三津子『生涯学習支援のための参加型学習のすすめ方』ぎょうせい、2000年、pp.66-88

　節で示した「人間がもつ関心と知識の3タイプ」（71ページ表5-4）で説明されたように、ワークショップの方法論を、参加者のニーズや意識を丁寧にとらえることなく、道具のように用いることも起こりかねない。企画者が最初から結論ありきで方向づけ・意味づけを行っていないかなど、実践をふり返りながら学ぶことが求められる。実践の「ふり返り」（省察）については、

本章第3節で言及する。

次に、討議法には以下のようなものがある[2]。

バズ・セッション：多人数の会議・講演会・研修会などで、学習者全員の意見や考えを集約しながら進めるときに用いられる、少人数によるグループ討議。限られた時間でできるだけ多くの人の発言・意見を集約する。

パネル・ディスカッション：ある特定のテーマ（課題）について、専門的知識をもつ人や、その問題について代表的意見をもつ人びとが登壇し、コーディネーターの進行に基づき意見交換やメンバー間の討議、会場の学習者との意見交換・討議を行う。

シンポジウム：ある特定のテーマ（課題）について、専門的知識をもつ人や、その問題について代表的意見をもつ人の複数の発表を行い、その内容を参考として会場の学習者とのやりとり、意見交換を行う。

2　学習支援者の役割

本節では、教師やファシリテーターといった学習を支援するさまざまな役割を通して、学習のあり方について考えてみたい。

第5章で検討したように、成人の学習においては、自己決定型学習や意識変容の学習が重要な位置づけとなる。その場合には、成人教育者の役割も、知識や技術を教える教授者や教師から、学習者たちが主体的・自己決定的に学習を進めていくのを支える「学習支援者」の役割にシフトすることになるだろう。

クラントンは、成人教育者がブレーンストーミングを行い、自分たちの教育的役割をリストアップしたならば、紙が足りなくなるほどいろいろな役割が挙げられるだろうという[3]。すなわち、教授者、専門家、企画者、教師、評価者、ファシリテーター、情報提供者、ディスカッション・リーダー、つなぎ役、友人、共同学習者、仲間などである。そして、クラントンは、教育

者が果たす役割について、学習者の立場から見て「他者決定型学習（教師中心型）」「自己決定型学習」「相互決定型学習」に整理している（図6-1参照）。この図には、ブーメランのような線が描かれており、左側にいくほど、「教育者が教える」度合が高く、右側にいくほど、学習者の自己決定型学習の度合が高くなる。

まず、学習者から見た「他者決定型学習」においては、教育者の役割は、「専門家」「計画者」「教授者」となる。「専門家」の役割は、たとえば、大学の教員の場合、担当する各科目の分野（法律や経済、工学などの専門知識）を教授する役割である。専門家の役割では、専門的な知識や技能を、講義や実演を通して教える教師中心型の方法となる。「計画者」は、授業の計画をたて、準備を行う人、「教授者」とは、何をしたらよいか、どのようにしたらよいかを教える人であり、通常、専門家の役割と組み合わせて使われる。ただし、クラントンは、専門家の役割を担当する人は他の役割を知らない人の場合が多いと指摘している。教育者も、自分自身が教えられたようにふるまいやすいので、この役割が継続するのだという。

学習者の「自己決定型学習」を支える立場としては、「ファシリテーター」「情報提供者」「学習管理者」「モデル」「メンター」などがある。

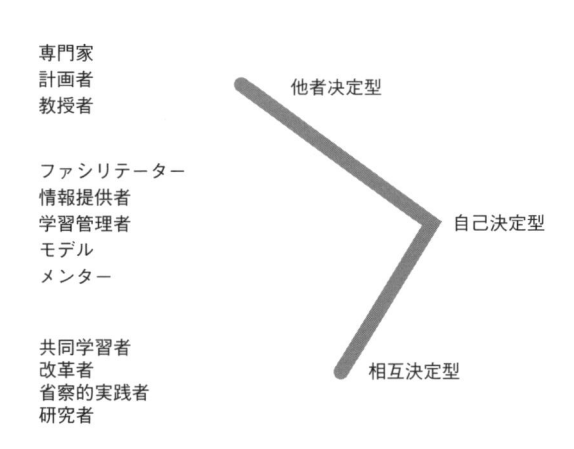

図6-1　教育者の役割
P. クラントン『おとなの学びを拓く』鳳書房、1999年、p.94

「ファシリテーター」とは、物事をやりやすくする人、学習を促す人のことである。学習者が自己決定的に学べるように、学習者が「表明するニーズ」に応えながら学習者の成長と変化を励まし支える役割である。また、学習者とやりとりをしながら、学習プロセスにおけるつなぎ役として、グループ活動を促進することを含む。

　しかし、ここで問題となるのは、「～について学びたい」といったような、学習者が「表明しているニーズ」に基づいた学習を進めるだけでいいのかということである。第5章で述べてきたように、すべての学習者は、自分自身の背景や経験や価値観の範囲で学習に取り組んでおり、表明しているニーズにだけ注目すると、その範囲を超えたり広げたりしにくくなるのである。学習支援者は、学習者が表明しているニーズだけではなく、学習者本人は自覚していないが本人のために必要なニーズに対しても、働きかけていくことが必要となる。

　「情報提供者」とは、学習プロセスを進めるための情報――本や視聴覚教材、装置や機械や場所、人的資源などの情報――である。「学習管理者」とは、コンピュータ支援教授などで学習者が個別に学ぶ場合の学習を管理したり、「学習契約（学習者と教育者が何をどのように学んでいくかを話し合い、契約を結ぶ）」に応じて学習を進められているか、学習者がどのプロジェクトに取り組んでいるかなどを記録し、管理するといった役割を担うが、クラントンは、「学習プロセスを進める助手のようなもの」と位置づけている。「モデル」とは、模倣される立場にある人のことであり、学習者にとっての目標となる人である。「メンター」とは、助言者と友人が組み合わさったものであり、学習者にとっての相談役となる。

　学習者と教育者との「相互決定型学習」において、教育者の役割は、「共同学習者」「改革者」が挙げられている。

　「共同学習者」として行動するとき、教育者は完全にグループの一員となり、ほかのメンバーと同じ責任と権利をもってグループに参加する。学習者はある程度まで自己決定的になっているが、教育者は、状況に応じて「共同学習者」の役割から離れることができる。

　「改革者」とは、教育者は学習者が自己の批判的なふり返りに取り組み、

パースペクティブを再構成できるように問い直す役割である。

3 省察的実践者とふり返り

(1) 省察的実践者

クラントンは、「省察的実践者」(reflective practitioner) であることは、すべての役割に必要であると位置づけている。「省察」(ふり返り) とは、クラントンによれば、「経験、考え方、感情、価値観を意識的に考慮すること」である。教育者は、みずからの教育実践をふり返って、学習者への働きかけの前提 (根拠) となっているみずからの経験、考え方、感情、価値観を自覚化しなければならない。また、教育者はみずからの実践を探究するという意味で「研究者」でもあると説いている。

クラントンは、実践を省察する意義について、ショーンとアージリス (Schön, D. A. and Argris, C.) の「支持する実践の理論」(目標とする理論) と「使われる理論」(実際に行っている理論) のあいだに生じる不一致を確認する意義を挙げている。たとえば、「民主主義教育」を学ぶ大学のゼミで、学生が批判を恐れて自由な討議ができていないのであれば、ゼミを担当する教員は、自らの支持する実践の理論と、実際に使っている理論が一致していないことに気づいていないことになる。その教員は、自分の教育実践を意識的にふり返らない限り、不一致に気づくことは難しいだろう。

Bさんの事例

公民館職員であるBさんは、住民対象の子育て支援のワークショップを、初めて担当することとなった。大学院で社会人院生として成人教育学を学んでいるBさんは、自己決定型学習を支持しており、ワークショップでも、参加者が自分たちで取り組む課題を設定し、解決方法を見出せるように支援していきたいと考えた。Bさんは、ワークショップのプログラムを企画するにあたり、参加者がいろいろな問題を考えることができるようにと、アクティビティの数を多くし、細かい緻密なスケジュールを計画した。しかし、当日のワークショップは、参加者が分刻みのスケジュールについていけず、うま

く進行することができなかった。

　ワークショップ終了後に関係者とワークショップについての「ふり返り」を行う中で、「時間配分がまずかった」と反省するBさんに、先輩職員が「なぜ、緻密なスケジュールを立てたのか」と質問を投げかけた。Bさんは、この質問を考えるうちに、Bさん自身が参加者に学んでほしいことを中心に組み立てたプログラムであったことに気づいた。実際には、Bさんが支持する自己決定型学習とは反し、参加者にゆったりと自分で考える時間を与えず、参加者が主体的に進められる場になっていなかったのである。先輩職員の問いかけを通じて、Bさんは、自己決定型学習の支援について、掘り下げて考えることができたのだという。

　さらに、実践に取り組むさまざまな専門職（たとえば、教員、看護職、福祉職員、建築士、土木技師など）は、実践現場で活動する中で、行為しながら省察を行っているという。「省察的実践」を提起し、クラントンにも大きな影響を与えたのは、アメリカの組織学習の研究者であり、専門職教育改革を担ったショーン（Schön, D. A.）である。

　ショーンは、自らが都市開発プロジェクトなどの実践に当事者として関わりながら、大学など伝統的な学問の世界で研究・形成される知や技術と、社会や実践の現場で実践者が用いる知や技とが必ずしも一致しないことに注目した。ショーンは伝統的な自然科学の方法論、すなわち因果関係を明確にして科学的・実証的に生み出された理論や技法を厳密に使用し、問題（課題）解決を行うことを「技術的合理性」と位置づけた。一方、実践現場にいる実践者は、問題解決をする際に、技術的合理性に基づいて理論や技法を使うというよりも、実践を重ねるうちに無意識のうちに直観的に自ら身につけてきた「わざ」（art）を用いているのだと説明される[4]。

　実践現場の状況は、固有で、複雑で、不安定で、不確実であり、実践者は、明確に示された問題に対して、確立された理論や技法を用いて解決を行うというよりも、まず、何が問題となっているのかを直観的に判断し、問題設定し、それに対し解決に向かうような働きかけ（行為）を試みる。ショーンは、実践者すなわち専門家が現場で行為しながら省察し、問題設定し、働きかけ

る一連の試みを、ふり返りによって明らかにすることが、実践者すなわち専門家にとってのレパートリーとなり、実践の現場で実践の理論をつくることになるのだと論じている。ショーンの省察的実践論は、専門家の認識論的探究から組織的社会的構造における学習論として展開していく（第3部参照）。

（2）実践のふり返り

クラントンは、おとなの学習においては、「ふり返り」を通して、経験は学習に貢献すると論じている。ふり返りは、ある経験に立ち戻り、そこでの行為、考え方、感情、価値観の意味を吟味し、経験を再評価するという方法である。記述したり、他人との話し合いを通じて、経験をとらえ直すこととなる。それによって、経験に対する新しいものの見方の獲得や行動の変化、さらなる活動の計画へと展開することが期待される。

「ふり返り」は学習活動、実践の記録化や、記録をもとにした話し合い、事例検討、教育的バイオグラフィ（教育・学習活動を中心にした伝記）の作成、あるいは関係他者との対話を記録して分析するといった方法などを通して行うことができる。

なお、実践のふり返りを、個人のものにとどめずに組織的に行うラウンドテーブルについては、第3部で論じられる。

確認問題

（1）ワークショップの意義と課題にはどのようなものがあるか。
（2）教育者の各役割と、（学習者の）自己決定型学習・他者決定型学習・相互決定型学習との関係はどのようなものか。
（3）教育者にとって、実践を省察することにはどのような意味があるか。

〈註〉
1) 中野民夫『ワークショップ』岩波書店、2001年、p.11。
2) 廣瀬隆人・澤田実・林義樹・小野三津子『参加型学習のすすめ方』ぎょうせい、2000年。
3) P. クラントン『おとなの学びを拓く』入江直子・豊田千代子・三輪建二監訳、鳳書房、1999年。
4) D. A. ショーン『省察的実践とは何か』柳沢昌一・三輪建二監訳、鳳書房、2009年。

〈より深く学習するための参考文献や資料〉
・中野民夫『ワークショップ』岩波書店、2001年、p.11（ワークショップについて、意義や手法を事例に基づきながら学べるだけでなく、なぜワークショップなのかを掘り下げて考えることができる）。
・廣瀬隆人・澤田実・林義樹・小野三津子『参加型学習のすすめ方』ぎょうせい、2000年（参加型学習の具体的な方法論を、理念的な背景に基づいて学ぶことができる）。
・D. A. ショーン『省察的実践とは何か』柳沢昌一・三輪建二監訳、鳳書房、2009年（*The Reflective Practitioner*, 1983の全訳である。省察的実践について、個々の専門職の認識論から組織学習へと展開し、専門職教育に多大な影響を与えている）。

コラム5：学校の先生も「おとなの学習者」!?

　おとなの学習者の事例として、学校の先生を例に挙げることに違和感を覚える人も多いのではないだろうか。先生は「おとな」ではあるけれど、「教える」人であって、「学ぶ」人というイメージはあまりないからである。でも、先生も、教え方について学び続けているという点では、「おとなの学習者」といえるのである。

　ほとんどの学校では、よりよい授業づくりをめざして「授業研究」や「校内研修」が行われている。これは、あらかじめ授業に関する指導案を作成して配布し、実際の45分か50分の授業を他の先生方に見てもらい、その後の研究会で、授業の内容や進め方について改善点を指摘し合うものである。先生方はこのように、生徒の知らないところで切磋琢磨して、授業の仕方を学びあっているのである。

　先生が、教育者だけではなく「おとなの学習者」であるということだけでも新鮮に見えるが、この研究授業については、さらに"おとなの学び"という視点に沿った改革が取り組まれている。

　福井市立至民中学校の数学の教師（当時）だった牧田秀昭先生は、今までの授業研究では、改善点の指摘の仕合いに終わっているとして、前もって学習指導案を作らずに、参観者の先生方は生徒と一緒にわくわくしながら授業を参観していいのではないか、先生の教え方の技法や教科の内容についての改善点よりも、生徒がどのように学んでいるのかという観点から授業後に話し合いをするほうがいいのではないか、授業をふり返って実践記録としてまとめ、みんなで読み合って力をつけていくのが良いのではないか——といった提案をしながら、研究授業のあり方そのものを、アンドラゴジー的に変えようと試みたのである（秋田喜代美「同僚とともに学校を創る」秋田喜代美・佐藤学編『新しい時代の教職入門』有斐閣、2006年参照）。

　このような試みを、読者の皆さんはどのように考えますか？

第3部　学びあうコミュニティ

　おとなの学習はさまざまな目的、形態、方法、内容で行われている。図書館で本を読んだり、大学の公開講座に参加したり、カルチャーセンターに通ったりすることだけが、おとなの学びではないことに気がつく。自分自身が生活する地域の身近な問題や、職業上の悩みを学習課題にし、仲間とともに検討し合い、解決に向けて行動を起こしていくという一連の活動も、おとなの学びと考えられる。

　第3部では、地域を核にした共同でのおとなの学びあいに注目し、実践とむすびつく学習、まちづくりに貢献する学習についてみていくことにする。ここでは「学びあうコミュニティ」をキーワードに、地域で学びあいを展開することの意味、住民の学びあいを支える人々（学びあうコミュニティのコーディネーター）の役割とその力量形成について検討する。

　第7章では、住民や住民の学習を支える人々が、実践の中で直面する問題を共有し、共同での学習に取り組み、変化を生み出す行動をおこしていく取り組みについて、事例をもとに具体的に見ていく。第8章では、こうした共同での取り組みを支える実践の理論として、省察的実践論、実践コミュニティ論といった学習論を取り上げて検討する。第9章では、住民の学習を支える人々、すなわち学びあうコミュニティのコーディネーターの役割と、力量形成のための大学のあり方について検討していきたい。

〈第3部〉学びあうコミュニティ

第7章　地域における学びあいの展開

> 地域における人々の学びあいは、どのように豊かな地域づくりの実践につながっていくのだろうか。またそうした住民の学びあいの援助に必要な力とはどのようなものであり、その力をどう身につけていけばいいのだろうか。本章では、長野県松川町における健康学習を中心とする事例をもとに、地域において学びあうコミュニティを形成する過程と構造を検討していく。
>
> **キーワード**　主体的な学習、学習の組織化、専門職の学習、社会教育実践、話し合い学習

1　地域の学習をとらえる視点

近年、個人の表明された学習ニーズを満たすという視点からの学習機会の提供や学習支援だけではなく、より公共的な課題への取り組みや、そうした課題の学習を地域における実践につなげていくこと、そのためのコミュニティづくりの支援が求められてきている（中央教育審議会答申「新しい時代を切り拓く生涯学習の振興方策について～知の循環型社会の構築を目指して」第2章参照）。

現代社会が直面する人権・福祉・環境・共生などのさまざまな課題を解決し、より豊かな地域をつくっていくためには、住民の学びあいの展開を支えていくことが不可欠である。わが国には、住民一人ひとりの学習、共同での学習を組織化し、地域社会をつくり、豊かにする担い手を育てることに取り組んできた社会教育実践の蓄積がある。その構造は、①学びあうコミュニティとしての地域の学習グループ、②社会教育施設などの地域の学習拠点を中心に、学習グループを基盤として展開されてきた地域の暮らしの問題をめぐる実践、③社会教育実践の展開を支える公民館主事などの社会教育・生涯学習関係職員という3層としてとらえられる[1]。

一方、学習を、単に情報や知識の取得ではなく、実践や行動に結びつくよ

うなものとしていくには、どうすればいいのだろうか。地域のさまざまな問題をそこに住む人々が共通の課題としてとらえ、解決に向けた自主的な活動、地域づくりへとつながっていくために、学習をどうとらえ、どうデザインし、どう展開し、どう支え合っていったらいいのだろうか。生涯にわたって質の高い学習の機会をすべての人々に保障することは、住民が直面する課題を共有し、解決に向けて自ら実践することを実現する力をつけることであり、それは住民による地域づくり、まちづくり、さらには共生社会の実現を進めることでもある。住民が、自らの生活上の課題を認識し、地域の仲間とともに共有し、課題の解決に向けて共に実践に取り組む学習は、私たちの中に無意識に染み込んでしまっているこれまでの学習の見方ではとらえきれない。情報や知識の取得としての学習、個の中に閉じ込められた学習、フロントエンドモデルの学習、理論を実践に適用するという学習、「教える－教えられる」関係での学習といった学習観から脱し、学習をどうとらえ直していけばいいのだろうか。

　本章では、学習者相互、学習者と支援者、支援者相互がコミュニケーションを通してどう学びあうのか、学習と実践がどう関わるのか、そしてそうした学びあいをどう組織化し支援するのかという問題意識をもとに、長野県下伊那郡松川町の健康学習を中心とする実践を見ていくことにする。

　松川町の健康学習を中心とした実践の展開については、1961年から1985年の間公民館主事・社会教育主事として関わった松下拡の著書[2]を中心に、紹介していくことにしたい。

2　松川町における社会教育実践の展開

（1）地域での話し合い学習と学級

　松川町における実践の基礎となるのが、1960年代の各地域、つまり集落グループでの女性たちの話し合い学習とそれを土台とした婦人学級の取り組みである。日ごろの生活を考え合い、不満やぐちを出し合っている「女性としての私」を、そう思うようになっている背景と結びつけて考えてみようということから「日本女性史」の学級が行われたように、日常の集落グループ

で話し合う内容が深まるような課題を設定し、現実の生活の悩みや問題を共有し認識し合う中で学習の課題を発見し、それを克服するために実践的な課題に取り組む。婦人学級でのこうした学習を経験した女性たちは、それぞれの集落グループでの学習に取り組んでいくようになり、公民館主事は集落の集会所に出向いてその援助を行った。また婦人学級では、各集落グループで話し合っていることなどを出し合い、主体的に参加できるよう話し合いの進め方なども考え合いながら交流の場がもたれた。こうして、学級と集落グループ活動の有機的な関係が生まれ、地域の取り組みが関係し合って、町全体の「地域学習」が意識されるようになっていったという。

(2) 集会活動と学習の組織化

地域での集落グループでの話し合い学習は、集会活動によって地域に根づいていった。1963年から地域課題と公民館・社会教育のあり方を考える目的で行われた松川町の公民館研究集会では、地域における青年や女性の学習活動状況が出し合われ、地域活動として位置づけられ、学習が発展する契機となっていった。松下は、「この公民館研究集会は地域活動の学習的側面を明らかにしながら地域の学習課題をほりおこし、実践的に位置づけるという意義をすえ、公民館を地域の拠点にして行くものであった」[3]と述べている。

集会は、各集落から毎年交代のメンバーによる実行委員会形式で行われた。集落グループから出された課題を整理して課題別分科会を構成する、分科会の進め方を考える、当日の進行をする、集会で出されたことを整理し、行政に要望したり自分たちで実行するための見通しを考える、などといった取り組みが、「学びあいを生み出す力」をつくりだしていった。こうした地域における小グループでの学習活動をつなぎ、学習を地域づくりへとつなげる場として、「婦人集会」(1965年～)、「健康を考える集会」(1976年～)、「福祉を考える集会」(1983年～)などのさまざまな集会が組織化され、現在まで継続されている。

(3) 健康学習の展開と地域の学習を支える専門職の学習

　松川町の健康問題をめぐる学習の展開も、こうした地域におけるグループ学習を基盤として始まった。果樹地帯の若妻グループが、果樹の防除における農薬散布と健康の問題について、公民館主事や保健師の援助のもとに学習活動を行い、夫たちの防除組合に働きかけて、集落に「健康を考える会」をつくった。この過程で、公民館では成人講座が開設され、こうした動きの中で保健師・栄養士・公民館主事等の職員による「健康研究会」が生まれた。
　「健康研究会」が始まった背景には次のようなことがある。保健師や栄養士は地域住民の健康問題にかかわる専門職である。健康問題を解決するためには、住民一人ひとりが自分の健康に関する自己管理能力を身につけ、主体的に学習し行動するように援助するのが役割である。しかし、こうした援助のとらえ方を頭ではわかっているつもりでも、具体的に実践するにはどうしたらいいのかわからない。住民の主体的な学習の援助をするはずが、問題を決めつけてしまったり、一方的に教え込んだりしてしまう。あるいは、働きかけに対して住民がのってこないことに対し、「住民の意識が低い」ととらえてしまう。そこで、実際の住民との学習場面を出し合い、「主体的な学習の援助」という視点から、自分の関わりや実践の中でどんなことを考えながら展開していったのかなどの過程を検討し合い、学習活動への関わり方を実践的に学んだのが「健康研究会」である。
　松川町の公民館主事であった松下は、「健康研究会」の成り立ちと展開について次のように記述している[4]。

　　1973年に他町から2名の保健師が松川に就労した。行政主導の組織として保健指導員を育てて来たその「手法と意欲」を生かそうとして地域の住民組織に入ったが、住民がのってこない。「ここの住民の保健意識は低い」といって公民館に来た。どこでそれを感じ、保健師として何をしようとかんがえているのかと聞いてみると、「諸統計や検診の結果をみると松川の課題は高血圧だ、そして塩分の摂取も多いことが課題だから、それへのとりくみを進めようとするが、住民は理屈を言ってとりくもうとしない」という。その課題は誰が決めたのか——「諸統計や実情から保

健師が決めて、とりくみの方向づけをしている」――課題にとりくむのは誰なのだ――「住民だ」――住民がとりくむのなら、とりくむ住民が決めないととりくもうとする気にならんのではないのか――「住民に決めろといってもムリではないか素人なんだから、行政の立場で保健師が決めてとりくむようにしなければ進まない。前の町では住民がどんどんとりくんでいた」――本人がやる気になってとりくもうとする時の気もちはどのように湧いてくるのだろう……、というようなことをくり返し話し合いながら保健師とのとりくみが始まった。

　住民の立場に自分をおいて住民の発言を聞くようにすると、意見が次々に出てくる。意見を出し合って自分たちのすることを具体的にみとおして意欲を高めていく……。保健師がそのことに気づき始めると住民は保健師に向き合うようになる。……（中略）住民は健康に関することを考えるために、その知識と考え方を求めている。それに応じるところに保健師の専門性がある。保健の分野での「健康教育」とはそのことを重視することではないのか……というような考え方を、その時々の実践を分析しながら、共同の学習を重ね、きびしく論じ合った。……（中略）保健師や栄養士が変わることによって、住民との関係の質がちがって、住民ものって来て、保健師ものってくるという循環が生み出され、地域での健康学習が集落グループを土台として健康の実態を調べ考えるグループを生み出したりして発展し始めた。この中で保健師も成長した。

　ここで、3人の保健師と栄養士、公民館主事による、ある「健康研究会」の様子を、話し合いの記録から見てみよう[5]。
　この回では、学習の計画をどう立てるか、話し合いをどう展開するかなどをめぐって話し合いがなされた。互いに自分の実践のふり返りを出し合いながら、住民の主体的な学習とは何か、それを援助する専門職としてどう学習過程に関わればいいのかという視点で実践の展開の方向性を考え合っている。
　保健師は専門家だから、何を勉強すれば食生活がよくなるかを知っているので、学級・講座のカリキュラムを立てるのが当たり前だと考え、毎年学級や講座を繰り返してきた。しかし、住民に生活を変える力が身についていか

ないという問題を感じるようになる。そこで、一人の保健師がある集落での健康教室の1回目で、住民に「毎日何を食べるかをどうやってきめているか」という食生活の具体的な場面を出してもらい、それを保健師が整理してカリキュラムを組み立てようと計画した。ところが、実際の第1回目の教室を進める中で、出された住民の意見をすぐにカリキュラムに立てるということに無理があると感じる。そこで、その場で予定を変えて次回までに保健師が整理し、受講者とみんなでもう一度学習したいことを話し合うことに、進め方を変えた。保健師の「健康研究会」では、この実践をふり返る中で、当初の予定を中止して学習の展開の中で進め方を変えた保健師の思いが語られた。みなで検討する中で、「住民の話し合いの中からカリキュラムを立てよう」という思いを実践するために、保健師が住民の要求を聞き、学習の最初に整理して立てるカリキュラムから、住民自身が学習を進める過程でつくるカリキュラムへ転換したことを確認していった。さらに、それを可能にしたのは「健康研究会」での実践をふり返る話し合いと実践の積み重ねであり、それが保健師自身の変化を生んだのだということが確認されている。また、この保健師や別の保健師の実践を出し合う中で、教室の開始時に「みんなで学習計画を立てます」と言っても、その直後に保健師が「たとえば塩の問題」などと言って学習内容を決めてしまっている実態や、住民が生活の中での本音の意見を自由に出し合って学習を進められる『話し合い』をどう展開するかというようなことが、話し合われた。

「健康研究会」での保健師たちの話し合いは、予定を変更した健康教室の第2回と第3回の間というタイミングで行われた。そして教室を進めていく中で、当初の予定を中止し変更したことについてふり返り、これからの実践の展開を探るものとなっている。

3　学習の構造

松川町で社会教育主事として住民の学習と保健師の学習会を支えた松下拡は、「『学習』を日常生活の中で意識化するようなとりくみは、地域で共にくらしている人たちのなかで、各自の悩みや生活感を共感し合える関係がもて

るような共同の学習体験の場をつくることである」[6]と述べている。以下では、松川町における実践の特徴について、いくつかの点を整理する。

（1）学習の構造とサイクル

松川町における地域での学習は、一人ひとりの生活に即して身近な問題を考え合う活動を土台にして構造化されている。①小グループでの話し合い学習、②集会活動、③学級・講座の3層の構造である。基盤となるのは、日常的で、気軽に身近に参加し合える地域や生活の場にある小グループでの活動であり、松川町では集落単位での小グループでの話し合い学習が取り組まれていた。こうした小グループ活動を結びつけ、地域全体を視野にそれぞれの問題の関連性や自分たちの日ごろの取り組みを位置づけ、地域づくりへと発展させていくのが年に1～数回行われる集会活動である。そして、こうした自主的な学習活動を深め、系統的に学ぶ場が学級・講座になる。こうした構造が相互に影響し合い、学習のサイクルを生み出している。

（2）学習の主体化

日常的な生活の場での小グループでの話し合いを中心にすえた地域での学習は、「学習の主体化」が基礎にすえられている。たとえば健康学習が自分自身の健康問題を解決することにつながるためには、自らが日常生活の中で健康問題を解決するための実践をし、継続しなければ意味がない。意識を変え、主体的に問題を解決する力を生み出すものとして学習をとらえたとき、身近な状況から問題を発見し、課題としてすえる力は具体的な課題に取り組む学習体験によって身についていくことを、松川町の地域学習の取り組みは示している。学習を通して主体を形成し、学習そのものを主体化していく過程は、日常生活の不安や疑問から実態を把握し、問題や原因を明らかにし、実践の課題をもって目標や方法をすえ、実践することであると松下は主張している。松川町の取り組みは、集落での小グループでの話し合いを基盤に、生活の悩みや心配を自由に出し合える場があり、その実態を共同で考え合う中から問題に気づき、問題の要因を追及することによって、問題を克服する実践的な課題をすえるという構造になっている。

（3）住民の主体的な学習を支える専門職の学習

　学習の主体化をめざし、学習によって自分自身の生活や地域を変えていく力を生み出していくことを支えるためには、支援者も「教え指導する」ことから、「本人が気づいて変わることを支える」ということへ、発想を転換する必要がある。指導する側と指導される側を明確に区別する衛生教育を受けてきた保健師・栄養士にとって、その発想の転換、ましてや実践は簡単ではなかった。これは多くの領域の指導や助言、支援にあたる専門職にも当てはまることだろう。たとえば、「一方的な方法ではだめだ」と思って教室に話し合い学習の方法を取り入れても、住民に「知識を与える」「話し合わせる」「問題意識をもたせる」という保健師の言動の背後には、「～させる」という一方的に相手を変えようとする発想・態度がある。主体的な学習を支援するためには、保健師自身の学び方を考えなければならない。

　住民の主体的な学習を支援する理論と実践を結びつけ、自分自身の実践の力とするために取り組まれたのが、「健康研究会」で取り組まれた実践事例に基づいた仲間との研究会である。「健康研究会」には3つの特徴がある。1つ目は、自分たちの具体的な学習支援の展開過程を記録などを通して検討する点である。支援の実態である実践事例を資源として学びあうことで、それぞれの固有な実践に結びついた力量形成の場になっているといえる。2つ目は実践事例を出し合い検討し合う実践研究会の場が、支援者自身が主体的な学習を体験する場として位置づけられていることである。住民の主体的な学習を援助するために、まず自分自らの主体的学習の体験をもつことで、主体的な学習のイメージや展開過程を体得することができる。主体的な学習という学び方を学ぶ場として機能しているといえる。3つ目は、同業種や異業種の信頼できる仲間とともに実践事例を検討することである。似たような立場や経験、悩みをもつ支援者同士が、小集団を組織し、共に実践を出し合い、検討し合っている。グループでの学びあいは、職場や、同じ実践を共有するもの、同じ地域の職員などで組織化され、学習する組織を形成しており、主体的な学習を支えている。「研究会の場を一人ひとりの主体的な学習体験の場にして、そこでの自らの共同学習のイメージを具体化させていくことが基本的なこととして重い意味をもってくる。学習を援助するもの（専門職）と

しては、まず仲間と共に行う自分自らの主体的学習の体験を持ち、そこから自発的自主的で主体的な学習へのイメージを持つことである。そしてその体験から学習を深める条件を体得することである。そのような意味において保健婦集団における自主研究の持つ意味は大きい。専門職として自分の力量の形成は、その形成の場である研究会を主体的に充実させる力を持つことと重なっているのである」7)。

　このような、実践のふり返りを自由に出し合いながら、実践の具体的な過程の中に問題を発見し、課題をすえるという自らの「学習の主体化」を経験することで、住民の学習の主体化を援助する力量形成をめざす「健康研究会」の実践研究のあり方は、近隣の伊那谷の保健師に広がっていった。さらにそこに全国から自主的に参加した保健師たちによって、全国各地で自主学習会が展開されるようになっている。

　松下は、地域における学習について、「地域」とは人々の「共生」そのものであり、そのことを行動的に考えようとするのが地域づくりであると述べている。また、地域をつくる力を「つくりあう力」として共同化すること、つまり個々の力量の形成が地域で暮らす人々の相互関係の中で形成されることを重視し、その関係づくりとしての学習のあり方を問わなければならないと論じている8)。自分と自分たちがくらす地域の創造主体になることをめざして、地域での学習を組織化していくことがめざされているのである。

確認問題

（1）松川町の健康学習を中心とした実践の展開はどう整理、構造化できるか。
（2）事例における住民の健康学習と専門職の学習に共通することは何か。
（3）学習と実践を結びつけるために必要な要素は何か。

〈註〉
1) 社会教育・生涯学習関連職員問題特別委員会「知識基盤社会における社会教育の役割——職員問題特別委員会　議論のまとめ」日本社会教育学会『学びあうコミュニティを培う——社会教育が提案する新しい専門職像』東洋館出版社、2009年、pp.8-9。
2) 松下拡『健康問題と住民の組織活動』1981年、松下拡『住民の学習と公民館』1983年など。また、入江直子・村田晶子「学習の組織化と記録」日本社会教育学会編『成人の学習と生涯学習の組織化』2004年、入江直子・倉持伸江・豊田千代子・池田和嘉子・西原亜矢子「学習支援者の力量形成（その1）——健康学習の展開と保健師の力量形成」『生涯学習職員・指導者の養成と研修に関する比較研究』2005年を参照した。
3) 松下拡「長野県松川町の健康学習の基盤とその実践」日本社会教育学会編『学びあうコミュニティを培う』2009年、p.74。
4) 同前、pp.78-79。
5) 松下拡『住民の学習と公民館』勁草書房、1983年、pp.144-170。
6) 同前、p.74。
7) 松下拡『健康学習とその展開——保健婦活動における住民の学習への援助』1990年、p.264。
8) 松下拡、前掲書3)、p.77。

〈より深く学習するための参考文献や資料〉
・松下拡『住民の学習と公民館』勁草書房、1983年（松川町の健康学習を中心とする実践の展開過程が具体的な事例や資料によって描かれている）。
・松下拡『健康学習とその展開——保健婦活動における住民の学習への援助』勁草書房、1990年（「学習の主体化」を中核にした学習の展開とその支援について、1980年代に各地の自主的な保健師らによる研究会で出された実践事例の過程によって丁寧に描かれている）。
・『叢書生涯学習Ⅱ　社会教育実践の展開』雄松堂出版、1990年（叢書生涯学習シリーズ全10巻の第2巻。学習者の自主的・共同的な自己教育の視野から、戦後および1950年代から1970年代の社会教育実践過程を跡づけている）。

〈第3部〉学びあうコミュニティ

第8章　学びあうコミュニティを育てる実践の理論

> 本章では、相互主体的な学習過程に注目し、実践と省察のサイクルを重ねることによる学習と、それを支える学習組織とその構造、状況の中での学習について、そのデザインを理解し、実践を展開していくための枠組みとなる視点を学ぶ。第7章で取り上げた実践事例を読み解く成人教育の実践の理論－学習論について検討していく。

キーワード　成人学習論、省察的実践、実践コミュニティ、学習支援者

1　さまざまな立場の成人学習論

　現代社会に生きる私たちは、多様で複雑な課題に直面している。こうした社会の中で地域の課題を解決し、生きる力を培っていくためには、生涯にわたり質の高い学習の機会をすべての人々に保障し、学びあうコミュニティを地域で実現し、ネットワークで支えていくことが必要となる。その際、どのような学習観で実際の学習活動をとらえるのかは、自分たちの学習実践をどう認識し評価し、どう展開していくのかということを共有するうえで重要な要素となる。

　成人学習論には、いくつかのタイプがある。アメリカの成人学者メジロー（Mezirow, J.）は、ハーバーマス（Habermas, J.）の人間の関心と知識に関する議論から、教育における知の生成と実践に関する3つの関心と知識のタイプ──技術的関心と道具的知識、実践的関心と実践的知識、解放の関心と解放的知識──について述べている[1]（第5章参照）。また、ブルックフィールド（Brookfield, S.）は、成人の学習を支援するファシリテーター（支援者）の役割について、行動主義・人間主義・批判主義の3つのパラダイムにまとめている[2]。さらに、メリアムとカファレラ（Merriam, S. B. and Caffarella, R. S.）は、成人の基本的な学習理論を行動主義、認知主義、人間中心主義、社会的学習、構成主義の5つにまとめている[3]（次ページ表8-1参照）。

表8-1　学習についての5つの立場

側面	行動主義	認知主義	人間中心主義	社会的学習	構成主義
学習理論家	グースリー、ハル、パヴロフ、スキナー、ソーンダイク、トールマン、ワトソン	オースベル、ブルーナー、ゲイン、コフカ、ケーラー、レヴィン、ピアジェ	マズロー、ロジャーズ	バンドューラ、ロッター	キャンディ、デューイ、レイヴ、ピアジェ、ロゴフ、フォン・グレイザーフィールド、ヴィゴツキー
学習プロセスの視点	行動の変化	内的な精神的プロセス（洞察、情報の処理、記憶、知覚を含む）	可能性を満たすための個人的な活動	社会的文脈のなかでの他者とのやりとりと他者の観察	経験からの意味の構成
学習の場所	外的環境のなかの刺激	内的な認知的構造化	情緒的で認知的なニーズ	ひと、行動、環境とのやりとり	個人による現実の内的構成
教育の目的	望ましい方向への行動変化を生み出すこと	よりよく学習する能力と技能を発展させること	自己実現に到達すること、自律的になること	新しい役割と行動のモデルを作ること	知識を構成すること
教師の役割	望ましい反応を引き出すために環境を整えること	学習活動の内容を構成すること	人間全体の発達を支援すること	新しい役割と行動のモデルを作り導くこと	学習者との意味作りを支援し調整すること
成人学習への現れ	・行動主義的な客観性 ・コンピュータ教育 ・技能の発展と訓練	・認知主義的な発達 ・年齢の機能としての知性、学習、記憶 ・学び方を学ぶ	・アンドラゴジー ・自己決定学習	・社会化 ・社会的役割 ・メンター ・コントロールの根源的場所	・経験的な学習 ・自己決定学習 ・パースペクティブの変容 ・省察的実践

S. メリアム・R. カファレラ『成人期の学習』鳳書房、2005年、p.313

　日本においては、三輪建二が日本における成人学習論の理論的展開と到達点を「学習課題論・学習内容編成論」「生涯教育論と成人発達研究」「相互主体的な学習過程論・実践分析論」という3つに整理している[4]。
　「学習課題論・学習内容編成論」は、1960〜70年代に展開した学習内容として哲学・経済・歴史・政治といった社会科学学習に価値を置き、系統学習を重視し、現代的な学習課題と学習内容編成に焦点を置くものである。「生

涯教育論と成人発達研究」は、1970年代に取り上げられるようになったもので、生涯を通じた発達段階や発達課題、それぞれの発達期に応じた学習機会の中で「成人期」に注目し、成人の学習意欲や関心について実態調査に基づいた学習論が展開された。ラングラン（Lengrand, P.）やリンデマン（Lindenman, E. C.）、ノールズ（Knowles, M. S.）のアンドラゴジー論の検討から、メジローやクラントン（Cranton, P. A.）といったポスト・アンドラゴジー論などの検討へと展開してきている。

「相互主体的な学習過程論・実践分析論」は、1970年代の国立市公民館での女性問題学習や第7章で取り上げた長野県松川町での健康学習といった、学習者や職員の相互主体的な関係の中で学習者が共同で自らの学習課題を探っていく実践からの提起によって80年代に展開された。学習プロセスに注目し、住民と職員、さらに研究者の相互主体性、アイデンティティ、共同性が吟味された。90年代になると学習過程の展開を支える職員の専門性形成という議論が提起されるようになり、学習過程をめぐる関心は省察的な実践そのものの組織化、そして担い手の自己形成・力量形成をめぐる問題へと発展していく。そうした視点と実践・研究はショーン（Schön, D. A.）の専門職論と専門職教育への問題提起、ウェンガー（Wenger, E.）の実践コミュニティ論へと展開していくのである。

2 省察的実践論と実践コミュニティ論

（1）実践と省察のサイクルを重ねる省察的実践者

ショーンが1980年代に提起した「省察的実践（reflective practice）」の概念は、専門職の力量形成を考える新たなモデルとして注目を浴び、医療、建築、福祉、経済など幅広い領域で専門職像の転換と専門職教育改革に影響を及ぼし、教育分野の理論と実践にも強い影響を与えてきた。

専門職が直面する実践の状況は複雑で不確かなものであり、実践に理論を厳密に当てはめようとすれば、目の前の実践の固有な状況を無視することになり、逆に実践の固有な状況、あいまいな状況を優先させようとすれば、理論にそむくことになる、というジレンマに実践者は必然的に陥ってしまう。

複雑で、あいまいで、相対する価値が含まれている実際の実践においては、問題を「解決」するためには実践状況の中から問題を「設定」することが求められる。そこでショーンは、知識を実践の中で生成されるものとしてとらえ、専門知識や科学的な理論・技術を道具的に実践に適用・応用しようとする「技術的合理性」に基づく「技術的熟達者」モデルから、現実の実践の複雑で不確かな状況の意味を認識し、実践の中で省察に取り組む「省察的実践者」モデルへ専門職像を転換することを提起したのである[5]。

省察的実践者は、すでに確立した理論や技術のカテゴリーに頼るのではなく、自分が関わっている事例の中から新たな実践の理論を構成する。実践の不確かな状況の中で、驚き、困惑した実践者は、自分の直面している現象やそれまで暗黙になっていた理解について省察し、省察を通して得た現象の新たな理解を、状況の変化を生み出すために実践において試してみる。知識・技術の省察は次の実践を生み出すために必要な営みとして位置づけられ、新たな実践を生み出し、新たな実践が省察によって吟味される。このように、実践と省察がサイクルとなって展開され、探求が継続され、知が構築されていくのである。

また、これまでの技術的合理性の文脈における専門職教育は、基礎学問から応用学問、実践への応用という順序で構成され、研究は大学が、実践は専門職が担うというように、研究と実践は分離していた。しかし、こうした省察的実践論の考え方においては、実践そのものが学習の場、力量形成の場となる。考えることと行動することが不可分のものとして結びつき、自らの直面する複雑であいまいな実践の状況の中で問いを開き、知を形成し、探究を深める実践の研究は、実践の中で始まり、実践につながるものになり、生涯を通じて取り組まれるものとなる。

ショーンの問題意識は、実践の社会的文脈、状況との省察的対話を通して、行為の中の省察に取り組んでいくことを支え、同時に制約する組織や社会との関係へと展開している。専門職の実践の省察、協働的探究を制約し阻害する組織的・社会的な構造を、都市プランナーと開発業者の都市計画をめぐるやりとり、ある企業におけるプロジェクトなどの事例から批判的に検討していく。組織的・社会的状況の中で実際に行為の中の省察を行うやり方や、そ

れを規制する使用理論や組織学習のシステムについて省察することの必要性の指摘は、専門職教育における大学の教育改革を含めた組織改革の視点として中心的テーマと位置づけられていくのである。実践者が実践と省察をくり返すことで、実践者本人の実践の質が着実に向上していくが、同時に、そのような実践と省察のサイクルを支える組織も、協働での実践と省察を保証する「学習する組織」あるいは「実践コミュニティ」と呼ばれるものへと発展していくようになる。次に、実践コミュニティという考え方について見ていくことにしよう。

（2）実践コミュニティとネットワーク

　実践コミュニティとは、あるテーマに関する関心や問題、熱意などを共有し、その分野の知識や技能を、持続的な相互交流を通じて深めていく人々の集団のことである。自発的な参加をもとにした共同探究の場であり、共に学習することに価値を認めている。

　実践コミュニティという考え方を提唱したウェンガーは、実践コミュニティを自発的で有機的なものだととらえている。特に彼女が重視しており、またユニークであると思われるのは、次の3点であると考える。

　まず、実践コミュニティのメンバーに、「さまざまなレベルの参加を奨励する」[6]としている点である。コミュニティのメンバー全員が同じように参加するのを期待するのではなく、次ページの図8-1にあるように、中核となるコア・グループ、活動的なアクティブ・グループ、中心にはいない周辺グループ、実践コミュニティの外にいるアウトサイダーといったように、さまざまなレベルの参加がありうるとしている。大学のサークル活動などの自主グループ活動を例にとってみると、サークルへの参加の仕方には、中心的な活動を担うコア・グループ、熱心に活動に参加するアクティブ・グループ、ときどき気の向いたときに参加する周辺グループ、定期的な活動には参加しないが年に1回の発表会は見にくるようなアウトサイダーという形の多様な参加形態があることに気づくだろう。

　次にユニークであるのは、実践コミュニティをあたかも人間の一生のように、誕生、成長、衰退、死というサイクルを経験するものとしてとらえてい

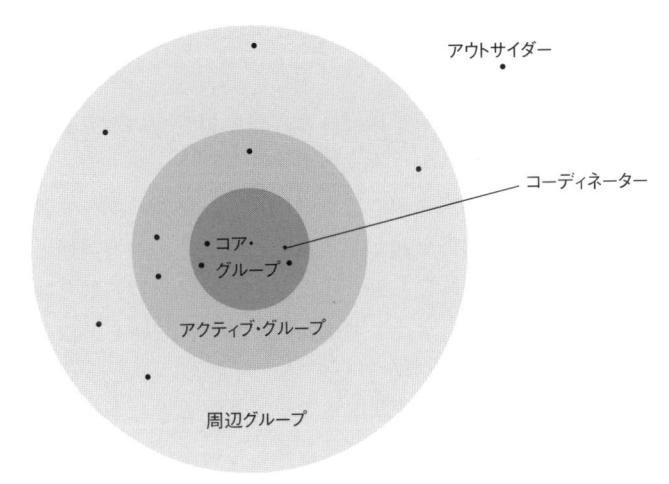

第8章●学びあうコミュニティを育てる実践の理論

図8-1 コミュニティへの参加の度合い
E. ウェンガー他『コミュニティ・オブ・プラクティス』翔泳社、2002年、p.100

る点であろう。自分が所属している自主グループ活動でも、活発に活動していたものが、次第にマンネリ化したり、後継者が育たなかったりして、消滅してしまうことがあるのではないだろうか。

　3点目は、実践コミュニティ同士が連携していくことがあるとしている点である。一つひとつの実践コミュニティ（ローカルな実践コミュニティ）が、活動を通じて連携し、定期的に会うようになることがある。同じような活動に取り組むサークルが、大学間で連携して活動するようなことが考えられる。さらに、必ずしも直接的で対面的な相互交流ができなくても、ネットワークを通して協力関係を築くこともできるようになる。こうして、対面的、あるいは対面的でない実践コミュニティの関係が築かれていき、やがては、グローバル・コミュニティへと発展していくことになるというのである。全国的なサークル連合会などがそのような例になるのではないだろうか。

（3）松川町の健康学習と実践コミュニティ

　実践コミュニティの特徴について、大学のサークルを例にしながら考えてみた。ここではあらためて、第7章で紹介した松川町の健康学習の展開にひ

きつけながら、省察的実践および実践コミュニティについて考えてみることにしよう。

　松川町の住民による健康学習や保健師らの健康研究会の取り組みは、ショーンの提起する省察的実践という考え方と重なり合い、響き合っている。松川町の住民は日々の暮らしや農業の仕事の中から、健康に関する課題をとらえ、健康をめぐる実態の把握を通して、健康の問題を、学習課題として「設定」していく。また、保健師たちも、住民と共に健康学習に取り組むという実践の中から、住民が主体となって健康問題を考え、課題を解決していくことに保健師としてどのようにかかわっていったらよいかという課題の「設定」を行い、自分たちをとりまく状況や支援のあり方などを話し合い学習や学級、集会活動によって省察し、行動へと移していく。

　こうした取り組みを通して、松川町の住民たちは、集落単位のグループといった複数の「実践コミュニティ」を組織し、保健師たちも、同僚や同じ実践に関わる同業種・他業種の仲間たちと集う研究会や自主学習会といった「実践コミュニティ」を立ち上げていく。

　健康学習が展開するようになると、次第に、実践コミュニティ同士の相互交流も活発になる。保健師たちは、住民たちの実践コミュニティそれぞれが、また協働で省察と実践のサイクルを積み重ねていけるよう、コーディネーターとして実践コミュニティを支えていく。さらに社会教育主事が、保健師たちの実践コミュニティをコーディネーターとして支えるといった構造を見ることもできる。住民たちや保健師たちのそれぞれの実践コミュニティ（ローカル・コミュニティ）をネットワークし、松川町の内外で、健康学習をめぐるグローバルなコミュニティが創られていくことになったのである。

　省察的実践論と実践コミュニティ論、そして松川町の健康学習の取り組みは呼応し、その実践の価値を改めて認識できることを、ここではごく簡単に示してみた。ここでは触れられなかったが、松川町の実践に示されるように、わが国の社会教育における実践記録の豊かな蓄積は、社会教育や成人教育の実践研究において、むしろ欧米よりも先に進んでいるということもできる。日本における相互主体的な学習過程、実践と省察のサイクル、それを支える学習組織とその展開のための構造について、今後は、たとえば松川町の健康

学習の活動を翻訳して国際的に発信するなど、成人学習の展開を、世界的なレベルのグローバル・コミュニティを創りながら議論していくことも必要なのではないだろうか。

確認問題

（1）おとなの学びのとらえ方にはどのような立場があるか。
（2）省察的実践論とはどのような考え方か。
（3）身近にある実践コミュニティとはどのようなものか。

〈註〉
1）P. クラントン『おとなの学びを創る』入江直子・三輪建二監訳、鳳書房、2004年。
2）倉持伸江「成人の学習支援におけるファシリテーター論——アメリカの研究動向をふまえた一考察」お茶の水女子大学大学院人間文化研究科『人間文化論叢』第5巻、2003年、pp.419-428。
3）S. メリアム・R. カファレラ『成人期の学——理論と実践』立田慶裕・三輪建二監訳、鳳書房、2005年。
4）三輪建二「成人学習論の展開——国際的動向と関連して」日本社会教育学会編『成人の学習と生涯学習の組織化』東洋館出版社、2004年、pp.28-43。
5）D. A. ショーン『省察的実践とは何か』柳沢昌一・三輪建二監訳、鳳書房、2007年。
6）E. ウェンガー他『コミュニティ・オブ・プラクティス』櫻井祐子訳、翔泳社、2002年、p.99。

〈より深く学習するための参考文献や資料〉
・D. A. ショーン『省察的実践とは何か』柳沢昌一・三輪建二監訳、鳳書房、2007年（さまざまな分野の専門職の力量形成の議論に大きな影響を与えた有名な文献。建築、カウンセリング、科学、都市計画、マネジメントなど多様な分野の専門職の実践事例に基づき、専門職の実践知のプロセスを探求している）。
・E. ウェンガーら『コミュニティ・オブ・プラクティス』櫻井祐子訳、翔泳社、2002年（ビジネスパーソン向けの実践コミュニティの手引書。企業の事例を用いて、実践コミュニティの構造や発展について解説している）。
・日本社会教育学会編『成人の学習と生涯学習の組織化』東洋館出版、2004年（日本社会教育学会50周年記念として刊行された全3巻のうちの第3巻目であり、成人の学習について理論・実践・組織・施設・事業などのさまざまな側面から検討している）。

第9章　学びあうコミュニティを支える

第7章、第8章で検討したような実践と省察に取り組む実践コミュニティ、つまり学びあうコミュニティには、一人ひとりと組織の成長と実践の展開を支え、コーディネートする人々がいる。本章では、学びあうコミュニティのコーディネーターに注目し、その役割とその力量形成について、またそうした実践者の生涯にわたる力量形成を支える大学のあり方について検討する。

キーワード　学びあうコミュニティ、コーディネーター、力量形成、養成・研修

1　学びあうコミュニティを支えるコーディネーター

（1）学びあうコミュニティのコーディネーターの役割

　学習社会の使命の重要なひとつは、地域社会において自らの生活をよりよくするため、また、多様な人々が共生し豊かな地域社会を創造するために、学習し実践するコミュニティ、「学びあうコミュニティ」を実現していくことであるといえる。人々が地域において学びあい、実践を進めるために、さまざまな職業や立場の人々が、市民の主体的な学習の支援者の役割を担っている。『学びあうコミュニティを培う』（2009年）に収められている日本社会教育学会による「知識基盤社会における社会教育の役割——職員問題特別委員会議論のまとめ」では、学びあうコミュニティのコーディネーターとして次のような人々を挙げている[1]。

　①**社会教育関係職員**
　　公民館主事、青少年施設・女性教育施設・男女共同参画センターなど社会教育関連施設の職員、社会教育指導員など
　②**地域の教育・自治・文化・福祉に関わる専門職**
　　保健師・看護師、児童館職員、ユースワーカー、社会福祉関係職員など

③指定管理者やNPOの職員、ボランティア団体のコーディネーター

地域の教育・自治・文化・福祉の活動を学習面で支えるグループは、前ページの専門職のほか指定管理者やNPO、ボランティア団体があり、その学習活動を支えるコーディネーターの存在がある。

また、コーディネーターの役割・力量が期待される職として、学校教員（幼稚園教諭を含む）、大学職員、一般行政職員が挙げられている。

一方、社会教育法に規定された社会教育に関する専門的教育職員として位置づけられているのが、社会教育主事である。社会教育法において「社会教育を行う者に専門的技術的な助言と指導を与える」（社会教育法第9条の3）とその職務が示されているが、前述の「議論のまとめ」では、社会教育主事が地域において実質的に果たしてきた役割を次のように整理している[2]。

①社会教育委員が立案した社会教育に関する諸計画の推進者としての役割
②社会教育関係職員等がコーディネートする地域の社会教育実践を教育行政の立場（主として条件整備）からサポートする役割
③社会教育関係職員等の力量形成を支えるシステム（研修、大学と連携した職員の力量形成など）を推進する役割

加えて、現代においては学校・家庭・地域との連携の推進や、住民と行政との協働の推進、職業能力開発行政との連携など社会教育主事の担う役割はますます拡大してきている。

次ページの図9-1のように、地域における学びあうコミュニティは、住民の主体的な学習組織を、さまざまなコーディネーターの役割を担う人々のコミュニティが支えたりつないだりし、さらにこうしたコーディネーターのコミュニティが社会教育主事のような「コーディネーターのコーディネーター」のコミュニティによって支えられる、というネットワークで支えるシステムによって、展開してきたといえる。住民、コーディネーター、コーディネーターのコーディネーターのコミュニティは、実践を核とした共同探究の

〈学びあうコミュニティ〉のコーディネイター
地域における住民の主体的な学習を支え、〈学びあうコミュニティ〉をコーディネートし、学びのネットワークをつくる役割

社会教育主事（コーディネイターのコーディネイター）
コーディネイターの力量形成を支えるシステムを推進する役割

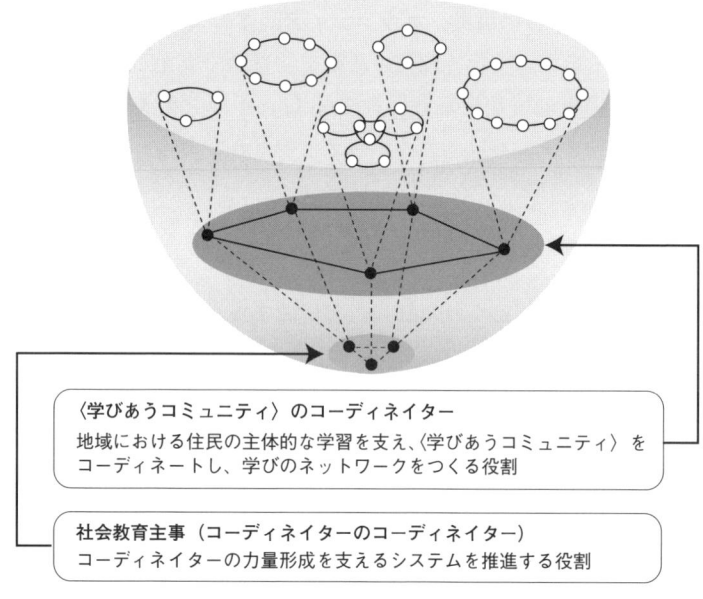

図9-1　学びあうコミュニティをネットワークで支えるシステム
日本社会教育学会編『学びあうコミュニティを培う』東洋館出版社、2009年、p.22

コミュニティであるという点で基本的には同じ構造であり、学びあいつながりあって地域づくりに貢献している。

（2）学びあうコミュニティのコーディネーターの力量形成

　では、地域の人々の学習のコミュニティをコーディネートし、ネットワークする実践的力量を形成するための養成や研修はどうあるべきだろうか。

　従来行われてきた大学での養成は、必ずしも実践的な力量形成を重視するものになっていなかった。多くの専門職教育や実践者養成の課程では、基礎理論（たとえば「生涯学習概論」「社会教育計画」など）から応用理論（「社会教育特論」「生涯学習の方法」）、最後に現場での集中的な短期間の実習という大学における伝統的な知の優先順位を反映した構成であり、大学で学んだ基礎理論を実践現場に適用するという発想での教育課程であるといえる。こうした従来の伝統的な養成過程に対して、実践の場での省察と実践の力につなが

る養成のあり方についての検討も進められている。社会教育・生涯学習関係職員の養成と研修についての研究と実践に取り組むネットワークである「全国社会教育職員養成研究連絡協議会（社養協）」では、実践力養成に向けた社会教育主事課程カリキュラムの提起をめざして、社会教育実習に注目し、調査研究課題に取り組んでいる[3]。

　一方で、実践で不断に生じるさまざまな課題を解決する実践的な力量を形成するためには、養成段階や入職時の準備教育だけでは十分ではなく、現場で、仕事をしながら学び続ける必要がある。学びあうコミュニティのコーディネーターとしての力量形成や、研修を生涯を通じて支えるシステムづくりを考える必要がある。

　前述の「議論のまとめ」では、学習をコーディネートする力量は、学習過程の展開を支える経験を省察し、さらに経験を積み重ね、省察を積み重ねていくというような継続的な「実践と省察のサイクル」によって形成されるとし、次のように論じている[4]。

　　　地域の〈学びあうコミュニティ〉の学習過程に関わるコーディネーターは、職場や仲間とともに自分の実践を省察し、実践に関わり、また省察するというサイクルを通して力量を形成していく。そして、一定期間継続された実践を長期的に省察する中で、実践をより大きな社会的文脈の中でとらえ返し、意味を確認していくことができるが、こうした省察を、大学・大学院などでの実践研究が支えていくことが必要となっている。

そして、そうした力量形成の構造と条件を次のように示している[5]。

　　　A：①実践とそのコミュニティを支え培う経験の持続的発展的な積み重ね
　　　　　②異なる分野の実践と自らの実践の間に相互的な理解と協働関係を生み出す経験
　　　B：①自身の実践と経験をとらえ直し表現し、発展的に再構成する実践研究のサイクル

　　　　　　②他の実践と事例から学ぶ事例研究の視点と方法
　　Ｃ：①学習の組織とシステムをめぐる経験と研究
　　　　　　②市民の学習と社会の現状・歴史・理念をめぐる研究と展望の共有

　実践を長期にわたって積み重ね、その実践を省察し、記録化し、研究・交流し、実践のネットワークを支える営みを通して、コーディネーターとしての力量を培う上記の条件をつくりだすためには、職場・地域・大学をネットワークする力量形成のシステムづくりが必要になる。
　生涯にわたる力量形成のシステムづくりという視点から考えると、大学の役割も転換が求められる。つまり、フロント・エンド・モデルの養成から、実践と省察のサイクルを中核にすえた生涯にわたる学習による力量形成へ、長期にわたる実践研究の支援へ、その関心を向けていくことが求められ、またその試行的取り組みが行われている（詳しくは、第14章を参照）。

2　生涯にわたる力量形成に大学が果たす役割

（1）大学院で学ぶある実践者の事例

　生涯にわたる力量形成に大学が果たす役割について、国際交流施設の職員を勤めながら、大学院に進学し、職場と大学で省察的実践を積み重ね、力量形成に取り組んだある事例をもとに考えよう[6]。
　Ａさんは、仕事で講座の企画・運営を担当していたが、はじめのうち企画した講座に参加者は3～4人しか集まらず、参加者の反応もいまひとつで、職員も、講師も、参加者も手探りで不安という状態に直面する。同時に、仕事をしながら通う大学院の授業についても、自分自身の実践の状況と授業で取り上げられる知識との間に乖離を感じ、大学での知識が現場に結びつかず、すぐに仕事に活かせないことに悩む。
　実践の場での問題を解決する「答え」が大学院にあるのではないか、という期待が裏切られることになったＡさんは、秋になって大学院主催の「実践研究ラウンドテーブル」に参加し、自分の実践を報告することになる。こ

こで行われた「ラウンドテーブル」とは、4～6人くらいの少人数のグループごと、実践記録をもとに実践の歩みや、展開を支える営みを語り合い、聴き合うもので、共同での実践の省察をめざすものである。最初に参加し報告したラウンドテーブルでは、不十分な点を指摘されたり、ただ単に「すごいですね」と関心されたりするだけで、アドバイスが自分自身の実践とは結びつかない悩みに改めて直面してしまう。しかし、何度かラウンドテーブルに参加し、実践の展開を語り、試行錯誤のプロセスを聴き合うことを重ねるうちに、早急に解決策を教え合うのではなく、実践を語り、聴き合う場の意味や手ごたえを自分自身の中でつかんでいくようになる。さらに、多職種の専門職が参加した集中講義でショーン（Schön, D. A.）の『省察的実践とは何か』を読み合い、省察的実践論を学ぶことで、ラウンドテーブルでの経験や職場での実践の省察の取り組みの意味や構造についての理解が深まっていく。

　こうしたＡさんの、ラウンドテーブルや大学での実践の省察と交流の取り組みは、職場での省察を生み出していく。職場では月に1回、講座のふり返りのミーティングがもたれるようになり、同僚との関係にも変化が生まれる。また、ラウンドテーブルでの報告の準備や事後の報告を職場ですることで、実践を自分自身で跡づけ直し、また同僚とともにふり返るコミュニケーションが生まれる。Ａさんの同僚は、Ａさんが「大学院で勉強した知識をもとに私たちに『こうしたらいい、ああしたらいい』と言っていたころは違和感があったが、一緒に事業をふり返り、話し合って出てきた言葉については共感できる」と話したという。ラウンドテーブルが同僚との省察的なコミュニケーションを生み出し、実践を共に担う仲間としての同僚性を育む触媒となったのである。

　その後、当初人が集まらず空転していた講座には、定員を上回る参加者が集まるようになったが、Ａさんはその変化について、「同僚が地道に地域の人たちとコミュニケーションをとっているということが見えてきたら、だんだんと講座に市民が求めることを反映できるようになった」ととらえている。実践を共同でふり返り、課題を共に考え、展開を共に喜び合える関係が、新たな実践を生み出し、展開する力となっていったのである。

(2) 大学の知と実践知をめぐる問題

　大学が、地域社会の運営に関わる責任ある一員として、地域の学びあうコミュニティを支え、Aさんの事例のように学びあうコミュニティのコーディネーターの力量形成を支えるためには、大学の知のあり方そのものを転換する必要性がある。

　ショーンは、伝統的な大学の知のあり方を批判し、専門職教育改革と大学改革を提唱している。技術的熟達者としての専門職像は19世紀に成長した実証主義によってつくられたものであるにもかかわらず、科学的な理論と技術を実践に厳密に適用するという専門職の知の正当性が吟味されることなく、人々の考え方や大学の制度の中に埋め込まれてきたと批判する。技術的合理性の知は、高度に専門分化している、境界が固定している、科学的である、標準化されていることに基準を置き、基盤となる学問や基礎科学のレベルが最も高く、次に基礎科学を適用する応用科学や技術学、最後に具体的な問題解決や実際に使う態度や技能として位置づける。ショーンはこうした既存の知について、研究と実践の関係性を目的と手段、実践と研究、行為と知をそれぞれ分離するモデルであると批判し、実践を中心にすえた協働探究、相互性に基づく専門職教育のための実践研究のアプローチを提起している。

　省察的実践に不可欠な「行為の中の省察」の能力を豊かにするために、実践の直接的文脈の外で行うことが可能な「省察的研究」（フレーム分析、レパートリー構築の研究、探究と架橋理論の基礎的方法に関する研究、「行為の中の省察」プロセスに関する研究）は、研究者と実践者の協働、多様な形態を取るパートナーシップが不可欠な要素となる。ショーンはこの構想の中で大学の転換を次のように迫っている[7]。

　　　研究のための問いの源泉として、また学生のインターンシップの場としてのみならず、省察的実践にアクセスするための源泉として、プロフェッショナルの実践に関心をもち始めるようになる。その結果、学術研究のための大学の活動としては周辺的だと考えられてきた活動に、新たな意味が与えられるようになる。フィールドワーク、コンサルタント、現場の実践者のための継続教育はこれまで二次的な活動あるいは必要悪

として考えられることが多かったが、それらが研究手段として第一級の地位にのぼり、大学の主要な仕事となるだろう。

　省察的実践に取り組むことは、大学の知の再構築、知のあり方の組み換えを求める。実践知と大学の知を統合していくために、制度改革、カリキュラム改革に取り組んでいく必要をショーンは指摘している。そして、こうした大学と新たな関係を築く実践機関は「みずからを研究と教育のセンターと見なすように」なると述べている。
　大学が専門職の省察的実践を支えるためには、組織学習を支えていかなくてはならず、実践と大学を結びつけていくシステムづくりが求められている。専門職の省察的実践を組織化するために、大学はショーンのいう省察的な実践研究の展開と交流を支える機構となることが求められ、それに向けて大学は自らの組織と制度の改革に取り組まなければならない。

（3）おとなの学習機関としての大学・大学院

　これまで、大学はその対象として18歳すぎの若者たちに目を向けてきたが、生涯学習社会の実現に向け、幅広い人々の学習要求にこたえるために、年齢や社会経験を重ねたおとなもその対象としてとらえられるようになってきた。大学は、一人ひとりの生活の充実や職業能力の開発、自己実現という目的のみならず、さまざまな組織の要請にこたえ、地域や社会の教育力の向上に寄与することが現代的な課題になってきている。
　大学、短期大学、専門学校を含む高等教育機関は、研究機関としての役割と同時に、青少年、いわゆる「18歳人口」を対象とした職業準備教育の役割を担ってきたが、生涯学習の機関としての役割を担うことも社会的にますます求められつつあり、職業についている現職者や退職した人、主婦などといった「社会人」を受け入れる制度の整備が進んでいる。大学にとっては、生涯学習機関としての役割を果たすという目的の一方で、18歳人口の減少の中で財政的・経営的な側面でも社会人の積極的な受け入れが進められているという背景もある。
　大学の社会人の受け入れの形態は、公開講座などの非正規課程への参加と、

正規課程への参加の2つがある。正規課程においては、「編入学」（短期大学や専門学校の卒業資格をもつものが、大学学部の2年次もしくは3年次に入学すること）、「社会人特別選抜入試」（職業経験など社会人の特性を活かした審査や試験をし、専門科目などの学力試験の負担を軽くするなどの配慮をした入試制度）、「昼夜開講制」（昼間のほか夜間や土曜日などにも授業を開講する制度）、「長期履修制」（修士課程の修業年限を延長できる制度）などがある。また、テレビやラジオ、インターネットなどのメディアを媒体とした「放送大学」などの「遠隔高等教育機関」も、物理的・時間的な制約をもつ多くの社会人にとって、高等教育機関で学ぶ学習機会を提供している。

大学が、フロント・エンド・モデルから、生涯にわたる成長を支える教育機関となるためには、入り口を開放して社会人を受け入れればいいというわけではない。実践者の教育機関にふさわしいカリキュラムや教育内容・方法などを検討していく必要があるだろう。

（4）大学の第三の機能——大学と地域の連携

大学の社会への貢献は、大学の主要な役割であるとされてきた「教育」や「研究」に並ぶ「第三の機能」として、社会的責務ととらえられるまでになっている。公的資金が投入されている大学の義務としてだけではなく、地方自治が進められ、一方でボランティアやNPOなどの市民セクターの存在がますます地域の中で重要性を高める中で、地域に位置する高等教育機関として、市民や行政、民間とも連携しながら、地域社会の運営に関わる一員として社会貢献活動に取り組む義務が大学にはあるといえる。

公開講座の実施や研修・講座などへの講師の派遣、委員会等での専門的助言などに加え、図書館、スポーツ施設、文化施設などの市民への開放、教職員や学生によるボランティア活動（とくに学生は地域活動のボランティアとして大きな資源と見なされており、地域社会貢献を大学のカリキュラムに組み込む動きも見られる）、地域を担う人材の育成などが大学の社会貢献活動として行われている。また、地域社会の鍵となる関係者を結びつけ、ネットワーク化し、知識や情報を提供する役割も大学には求められている。

大学の社会貢献活動は、専門的知識を一方的に提供することだけではなく、

地域住民や地域の公・民の多様な組織との双方向のやりとりをつくりだすことも求められるようになってきている。そうした地域とのパートナーシップを成功させるためには、異なるネットワークと組織の間のゲートキーパーの役割をする「推進者」としての手腕を教職員が身につける必要があり、そのために必要とされる能力は、実践を通して学習されるとOECDの報告書では指摘している[8]。学びあうコミュニティのコーディネーターの力量形成に取り組むことは、大学内部のこうした人材を育成すること、また、地域のコーディネーター・コミュニティの実践とその省察のサイクルを支えることは、ネットワークを形成することにもつながっていく。大学は、現代社会の中で、新たな使命と役割を担うために、大学自身も実践と省察に取り組む必要があるのである。

確認問題

（1）学びあうコミュニティのコーディネーターとはどのような人々で、どのような役割があるか。
（2）コーディネーターの力量形成の基本となるものは何か。
（3）現代社会において、大学にはどのような役割が求められているか。

〈註〉
1) 社会教育・生涯学習関連職員問題特別委員会「知識基盤社会における社会教育の役割——職員問題特別委員会　議論のまとめ」日本社会教育学会編『学びあうコミュニティを培う——社会教育が提案する新しい専門職像』東洋館出版社、2009年、pp.10-11。
2) 日本社会教育学会編『学びあうコミュニティを培う』東洋館出版社、2009年、pp.12-13。
3) 入江直子他「コミュニティ学習支援専門職大学院——試行と構想」日本社会教育学会編、前掲書1)、pp.265-281。
4) 日本社会教育学会編、前掲書1)、p.16。
5) 同前、pp.16-17。
6) 同前、第4章（pp.265-281）参照。
7) D. A. ショーン『省察的実践とは何か——プロフェッショナルの行為と思考』柳沢昌一・三輪建二監訳、鳳書房、2007年、p.341。
8) OECD編『地域社会に貢献する大学』相原総一郎・出相泰裕・山田礼子訳、玉川大学出版部、2005年。

〈より深く学習するための参考文献や資料〉
・OECD編『地域社会に貢献する大学』相原総一郎・出相泰裕・山田礼子訳、玉川大学出版部、2005年（OECDの研究報告 The Response of Higher Education Institutions to Regional Needs, 1999の翻訳。大学と地域社会の現代的連携を大学の豊富な事例から報告している）。
・日本社会教育学会編『学びあうコミュニティを培う——社会教育が提案する新しい専門職像』東洋館出版、2009年（日本の社会教育の現実の発展に寄与し、「学界」と「市民」をつなぐねらいから、知識基盤社会における社会教育の役割、社会教育実践と社会教育職員論の展開、学びあうコミュニティを培う専門職およびその力量形成と大学における専門職教育改革の展望について論じられている）。

コラム6：実践研究ラウンドテーブル

　実践研究ラウンドテーブルは、相互主体的な実践過程論・実践分析論研究に取り組んできた「社会教育実践研究フォーラム」グループが、実践を共同でふり返ることをねらいに取り組み始めたものである。実践者や研究者、学生などが、4〜6人程度の少人数のグループで互いの実践の展開を実践記録をもとにじっくり語り合い、聴き合うという方法で進められている。ラウンドテーブルには次のような案内文が添えられている。「実践記録を土台に実践の歩みをじっくり語っていただきたいとい思います。心に残っている場面、言葉、表情、行為。その時々に感じていたこと。ふりかえる中で見えてきたつながり。話し合いと記録づくりの中ではじめて気づいたこと。いま改めて跡づけ直して考えていること。語られる展開に耳を傾け、活動の場面を共有し成長のプロセスを探っていきたいと思います。実践の過程をじっくり語り・聴き合う場、実践を共有して協働探究できる関係がより広く培われていくことが、その後の実践への問いの深まりを支える拠り所になると思います」
　たとえば、ある年のラウンドテーブルでは、グループで一人ひとりの参加者が自己紹介をし、お互いの顔が見えてきたところで、報告者が実践報告を始めた。報告者は、実践のねらいや流れ、背景、状況、具体的な展開などがわかる実践記録を準備し、それをもとにじっくりと時間をかけて実践のプロセスを語る。グループの他の人々は報告者に寄り添って聴き、実践の文脈を理解するための質問をしたり、やりとりをしたりする。1人の報告につき約90分の検討時間をとって、協働探究に取り組んだ。
　自分の実践に関心をもってくれる人と共に実践をふり返ることで、実践の意味を多角的な視点から検討できるが、問題点のみを指摘するような否定的な雰囲気の中ではうまくいかないことが多い。実践をよりよくしていこうという関心を共有することが必要である。

第4部　社会とつながる学び

　人々の学習は、彼／彼女らを取り巻く社会との関係を抜きに語ることができない。社会の変化が学習に影響し、人々は学習を通して社会とつながるのである。

　たとえば、現代の社会は環境、福祉、防災などさまざまな課題を抱えており、国民・市民レベルでの学習を通して解決の方向を見出すことが求められている。ボランティア活動による学習成果の活用が重視される一方で、人々はボランティア活動を通してさまざまなことを学ぶ。地域や社会の変化は、子ども・若者の学習にも大きな影響を及ぼしている。

　以上のような問題意識に基づき、本部では社会との関係から学習をとらえる。第10章では、社会の変遷に伴う学習の特徴変化を概観するとともに、NPOやソーシャル・キャピタルと学習との関係を検討する。第11章では、おとなのボランティア活動と学習との関係に着目し、ボランティア活動との関連からみた新しい学習モデルを提示する。第12章では、子どもと若者が社会人として育つことを支援するための、地域や学校での試みを紹介するとともに、教育の構造転換に向けた視点を提供する。

里山での体験学習―植樹活動―
（写真提供：麻生多摩美の森の会［神奈川県川崎市］）

〈第4部〉社会とつながる学び

第10章　変わる社会、学ぶ市民

個人と社会との関係を中心に時代の変化をみたとき、それは3つの段階に大別することができる。本章では、それぞれの段階における学習の特質をとらえるとともに、第3段階を「新しい公共」時代と位置づけ、この時代に重要な役割を担うNPOの学習促進機能を洗い出す。さらに、NPOが人と人とをつなぐ役割を担っていることにも注目し、ソーシャル・キャピタルの観点からNPOや人々の学習の傾向を抽出する。

キーワード　新しい公共、NPO、ソーシャル・キャピタル、状況的学習、非状況的学習

1　学びからみた個人と社会

社会と個人との関係から時代変化をみると、伝統的共同体（第1段階）→現代消費社会（第2段階）→「新しい公共」時代（第3段階）という流れでとらえることができる。それぞれの時代には、どのような学習が中心的な役割を果たしてきたのだろうか。そして、第3段階の今、何が求められているのだろうか。

（1）「個人対社会」関係の変遷

私たち個々人とそれを取り巻く社会との関係は、時代とともに変化してきた。その基本的な流れを図式化したのが、図10-1である。簡単に説明すると以下のとおりである。

伝統的な共同体の仕組みが残っている時代には、強固な連帯意識と相互扶助の仕組みによって社会の運営がなされる。そこでは、個々人の考え方や個性よりは、共同体全体の経験や価値観が重視され、個人主義的な考え方よりも全体主義的な考え方が重んじられる。このような時代を第1段階と呼んでみよう。

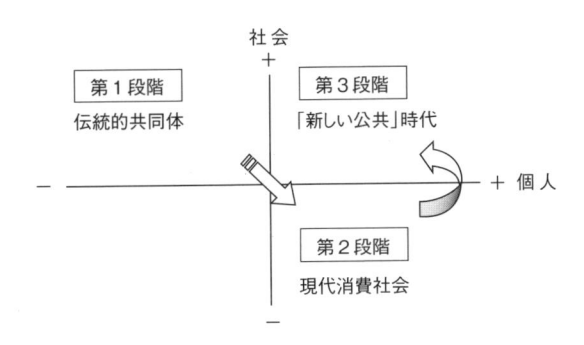

図10-1　個人と社会との関係からみた時代の変化

　次に、近代化が進んで資本主義経済が発達すると、このような伝統的な共同体の仕組みは衰退していく。地域の枠組みを超えた企業活動や情報メディアが発達し、人々の生活は伝統的な連帯や相互扶助ではなく、企業が提供する商品や行政が提供するサービスによって支えられるようになる。地域や社会のことを考えるよりは、個人としての豊かさを追求する傾向が強くなっていく。このような社会を現代消費社会と呼ぶとすれば、これを第2段階と位置付けることができる。
　しかし、そうした個人主体の生き方を重視する消費社会が進行すると、やがてさまざまな課題を抱えるようになる。たとえば、自然破壊や資源枯渇などの環境問題、相互扶助を前提としないと十分に満たすことのできない地域福祉の問題など、現代の私たちが直面している社会的な課題である。これらの課題は、市場原理に基づく企業活動や、税収に基づく行政サービスだけでは解決することができない。第3段階と位置付けることのできるこの時代には、一人ひとりの市民が抱いている課題意識や理想社会への「想い」をつなげ、多くの人々が主体的に参加できるような市民活動が求められ、また実際に多様な領域においてそのような活動が広がっていく。近年よく用いられる「新しい公共」という考え方は、まさにこのような流れによって生まれてきたものである。もはや、公共的な事業は行政のみが責任をもって行うのではなく、一人ひとりの市民、そして市民の結集したNPOなどのような非営利

の活動団体も参加しながら、多様な人や組織による連携・協力のもとに実践していく、という考え方が定着してくるのである。

（2）「新しい公共」とは何か

「新しい公共」を簡単に説明すると、次のとおりである（第14章参照）。

現代社会の運営に携わる主要な部門と相互関係は、図10-2のように示すことができる。①国家・地方自治体（その中核組織は政府・行政機関）、②市場（同企業）、③地域社会・コミュニティ（同地縁的組織）が適正な相互関係をとることによって、バランスのとれた社会運営が可能となる。さらに、3つの部門のどれもが担えない役割、3つの部門の連携を仲介する役割などのために、④第三セクター（同NPO等の民間非営利組織）に期待されるところが大きい。たとえば、特定の社会的課題（まちづくり、環境、福祉、国際協力など）の解決や、3つの部門間の協働を推進する役割などである[1]。

「新しい公共」とは、従来は国家・地方自治体が中心となって行っていた公共的な事業に関し、他の3つの部門も固有の役割を担い、4つの部門の適切な役割分担と連携・協力が効果的な公共の姿を実現できるという考え方である。なかでも、近年の台頭が著しい④第三セクターに期待がかかっている。前述のような、一人ひとりの市民が抱いている課題意識や理想社会への「想い」をつなげ、多くの人々が主体的に参加できる市民活動の場を提供するのは、主にNPOなどの民間非営利組織である。

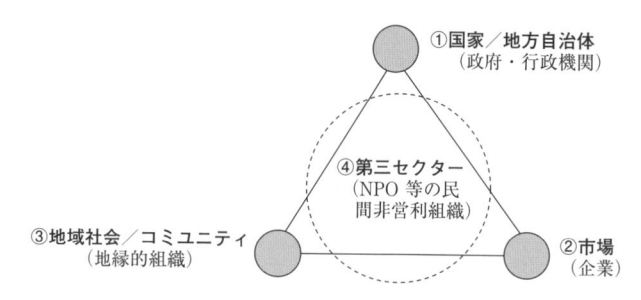

図10-2　社会運営に携わる4つの部門
田中雅文「市民社会の学習装置としてのボランティア活動」
（社）日本青年奉仕協会『ボランティア白書2005』より一部修正。

(3) 学習の移り変わり

　さて、(1) で概観したような変遷の中で、人々の学習の特質はどのように変わってきたのだろうか。第1段階の伝統的共同体における学習として最も大切であったのは、それぞれの共同体が長年の経験に基づいて築き上げてきた地域運営の仕組みやそれを支える固有の文化を、後の世代まで伝えていくことである。具体的には、祭りなどの行事や、年齢・性別に応じた地縁的な集団の活動などを通して、そうした仕組みや文化を若い世代が学んでいく仕掛けを整えていた。いわば、伝承を中心とする学びの仕組みである。

　第2段階の現代消費社会では、個人の人生を豊かにするための学習が大きく膨らんでいく。たとえば、産業社会で職業人として有利な地位を占めるために、学歴や資格の獲得をめざして学習することである。学歴の獲得には、塾や予備校などの教育産業の役割が期待される。資格の獲得については、在学中、職業生活、さらに退職後の再就職をめざす時期など、それぞれの段階に応じて公的サービスや教育産業が発達する。一方、非職業的な分野で人生を豊かにするため、趣味・教養・スポーツなどさまざまな分野の学習が興隆し、それに応じた公共機関や民間機関による学習機会提供が活発になる。

　そして第3段階の「新しい公共」時代には、環境、福祉、国際協力など、現代的課題に関連する学習が求められる。これらの学習の機会は、行政機関やNPO等の民間非営利組織が積極的に提供している。一方、市民の自主学習グループでもこれらの課題への取り組みが活発化している。このように、「新しい公共」を具現するために、現代的課題の学習がさまざまな形で実践されている。以上のほか、学校における「総合的な学習の時間」でも、現代的課題に関する学習が行われている。第1段階における学習が既存社会の「伝承」を基軸にしていたのに対し、第3段階におけるこれらの学習は、既存社会の課題を解決するための学習なので、いわば新しい社会の「創造」をめざしたものと表現できるだろう。

　なお、趣味・教養・スポーツなどそれ自体は本人の生きがいのために行う学習であっても、学んだ成果をボランティアとして活用することができる。たとえば、趣味でバイオリンを習っている人が福祉施設で演奏会を開いて慰問する、児童文学の学習を楽しんでいるグループが小学校で読み聞かせボラ

〈第4部〉社会とつながる学び

ンティアに取り組むなど、公共的な活動の中で学習成果を活用する方法は無限にある。このようなことも、第3段階における「新しい公共」の底辺を支える活動として重要といえよう。

2 学習装置としてのNPO

「新しい公共」時代で重要な役割を担うNPOは、人々の学習を促進する学習装置でもある。本節では、NPOの概念を説明するとともに、里山保全に取り組む団体を事例として、NPOが促進する学習とは何かを浮き彫りにする。

(1) NPOとは何か

NPOはnonprofit organizationの略称である。直訳すると「利益を追求しない組織」——つまり非営利組織——となる。しかし実際には、行政ではなく、「民間の」非営利組織を指す用語として使われる。類似語として、NGO（non-governmental organization）がある。こちらを直訳すると「政府（行政）でない組織」——つまり非政府（非行政）組織——となるものの、実際には非営利の非政府（非行政）組織——つまり「非営利の」民間組織——を指す用語として用いられる。このようにNPOとNGOは、ともに民間非営利組織を意味する。ただし、慣習的には、国際協力の団体や環境保護の大規模な団体などを指す場合にNGOと呼ぶことが多い。

このような民間非営利組織としてのNPOについて、米国ジョンズ・ホプキンス大学の非営利セクター国際比較プロジェクトでは、次の5条件を満たすものと定義している[2]。

(ア) 組織としての体裁をもつ（持続性・規則性など）：organized
(イ) 非政府・民間の組織である（政府・行政の一部門でない）：private
(ウ) 利潤を分配しない（利潤をあげてもいいが分配はしない）：non profit-distributing
(エ) 自己統治（組織内の統治機能、独立した決定権）：self-government
(オ) 自発性（会員や参加は自発性に基づくもの）：voluntary

上記のうち、(イ)は民間、(ウ)は非営利、(ア)は組織を表す条件であるため、冒頭に述べた「民間非営利組織」という言葉自体の意味を確認しているにすぎない。したがって、ジョンズ・ホプキンス大学のプロジェクトでは、とくに自己統治と自発性に着目している。一言でいえば、NPOとは「自己統治と自発的参加に基づく民間非営利組織」である。
　なお、NPOに関する法制度を所管している内閣府は、上記のほかに、社会貢献活動という条件をつけている[3]。これは、法人化したNPO(つまり特定非営利活動法人＝NPO法人)を認証するための法律である特定非営利活動促進法(NPO法)の中で、同法の目的が「市民が行う自由な社会貢献活動」の健全な発展を促進することとされていることに連動するものである。NPOという用語を用いるときは、ジョンズ・ホプキンス大学の定義を基本としながら、内閣府が強調している「社会貢献」も念頭におくことにする。

(2) NPOにおける学びのイメージ
　上記のように定義されるNPOと学習との関係をイメージするため、ここでは里山の保全に取り組むNPO「わがまち里山クラブ」(仮称)を取り上げ、その実態を描いてみよう。
　「わがまち里山クラブ」は、大都市近郊のA市にある小さな里山の保全活動を行っている。もともと旧農家が所有していたこの里山は、雑木林と畑から構成されている。所有者の高齢化に伴って農地や雑木林の管理ができなくなり、長い間、放置状態であった。つい数年前に相続が起こり、A市としても貴重な里山の自然を維持するため、購入して市有地とした。それと並行して、この里山の保全をどのように行うかを検討するため、A市では市民参加のワークショップを継続的に実施してきた。そこに参加した市民を中心に結成されたのが「わがまち里山クラブ」である。A市では、このNPOに対し、日常の管理業務を委託している。
　「わがまち里山クラブ」は、常に行政担当者と打ち合わせを行って、課題を確認し合い、日常の作業は市民ボランティアを募集して行っている。地元の自治会やPTAとも連携しながらボランティアの確保に努めている。立ち枯れの高木の伐採や、時おり必要となる人工物の設置(強固な立入禁止柵や

掲示板）などについては、担当する造園業者と協議のうえ適切な処置をするよう促している。118ページの図10-2に示した4つの部門のうち、第三セクターにあたる「わがまち里山クラブ」は、他の3部門との連携・協力によって里山保全を進めているわけである。

　さて、「わがまち里山クラブ」の活動目的は、この里山に生物多様性の高い自然環境を取りもどすことである。目的を達成するために必要な作業を、計画的に企画・実践している。長年放置されたために蓄積している不法投棄のゴミの処理、雑木林に繁茂して他の生物を圧倒している笹の刈り込み、畑を利用した有機農法による野菜栽培など、さまざまな作業が定期的に行われているのである。こうした作業は、同クラブのボランティア・スタッフが企画し、一般市民に呼びかけて多くの参加者のもとに行っている。参加者は作業を通して、いろいろなことを学ぶ。たとえば、笹刈や栽培の技術を少しずつ習得する、都市とゴミとの関係について考えるきっかけを得る、新しい人と知り合いになることを通して人間理解が進むなどである。「わがまち里山クラブ」のスタッフは、こうした学びに加え、集団運営やイベント企画などのノウハウについても、実際の事業実践を通して体験的に学んでいる。

　しかし、生物多様性の高い自然環境の再生という目的の達成には、多くの市民がその価値を認めて、活動を後押しするような市民意識の広がりが必要である。そのために、「わがまち里山クラブ」では上記のような定期的な作業とは別に、さまざまな学習機会を設けている。たとえば、「雑木林とは何か」「生物多様性とは何か」といったテーマの講演会、現地での植物・野鳥・昆虫等の観察会、市民参加による土壌・植生等の調査である。これらの学習活動を通して、市民は生物多様性とは何か、それに照らした現状の里山はどのような課題を抱えているか、解決には何が必要かなどを、ある程度体系的に学ぶことができる。そのような市民意識の基盤が整ってこそ、世論に後押しされた保全活動が可能となる。

　一方、「わがまち里山クラブ」のボランティア・スタッフの多くは素人からスタートした人が多いため、スタッフ自身の徹底的な学習が必要である。専門家を招いた勉強会、専門誌の購入と輪読、外部講習会への派遣など、環境NPOとしての力量を高めるための研修にも余念がない。

（3）NPOは学びの宝庫

　以上に例示した「わがまち里山クラブ」にみられるように、NPOはその活動を通して多様な学習を促進している。こうした学習は、次のように整理してとらえることができる。第1に、NPOが促進する学習は、NPO内部のスタッフやメンバーに発生する学習と、外部の一般参加者や協力者に発生する学習に分けることができる。第2に、活動という状況の中で体験的に発生する学習（状況的学習）と、学習機会として提供された場で行われる学習（非状況的学習）に分けることができる。

　ここで、状況的学習と非状況的学習について、若干の説明をしてみよう。私たちは日常の生活や諸活動の中で、それらを向上させようと苦労・工夫することによって多くのことを学んでいる。このような意味での学習は、時間と空間の占有を条件とせず、そして生活や諸活動といった諸状況と切り離されるのではなく、それらと表裏一体的な関係のもとに生まれ出るものである。いわば、「状況に埋め込まれた学習＝状況的学習（situated learning）」である[4]。なお、成人教育学者のジャービス（Jarvis, P.）は、状況的学習について「状況の中での学習」とか「（ほかの資源から引き出されるのでなく）行動の中に存在する知識」という表現を用いている[5]。

　一方、知識・価値観・技術等を習得するために設定された特別な活動を、我々は学習、ないしは学習活動と呼ぶことが多い。たとえば、公民館やカルチャーセンターなどでの学級・講座、同好の志で結成する学習サークル、テレビの通信教育などの学習機会で学ぶことである。このような学習（学習活動）は、状況的学習とは異なり、他の生活や活動といった諸状況から切り離され、一定の時間と空間を占有して行われる独立の活動である。したがって、これを非状況的学習（non-situated learning）と呼ぶことができる。

　以上のように、NPOが促進する学習は、「内部―外部」、「状況的学習―非状況的学習」という2つの軸によって、4つに分類することができる。「わがまち里山クラブ」が促進している学習をこれに当てはめると、次ページの図10-3のようになる。NPOが、その内部のスタッフやメンバーと、作業や講演会などに参加してくる外部の一般市民のそれぞれに対し、多様な状況的学習や非状況的学習の機会を提供していることがわかる。

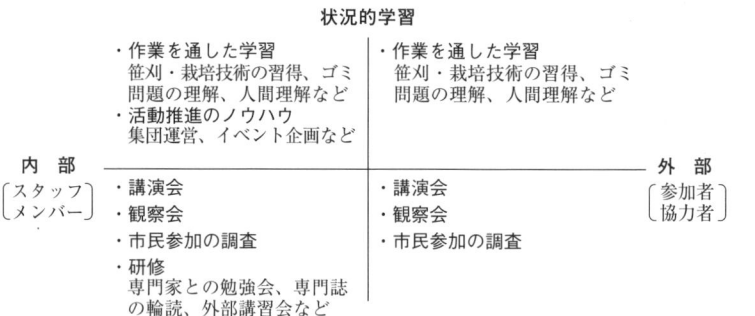

状況的学習

内　部　　　　　　　　　　　　　　　　　　　　　　　　　　　　　　　外　部
⎡スタッフ⎤　　　　　　　　　　　　　　　　　　　　　　　　　　　　　⎡参加者⎤
⎣メンバー⎦　　　　　　　　　　　　　　　　　　　　　　　　　　　　　⎣協力者⎦

・作業を通した学習　　　　　　　　　　　　・作業を通した学習
　笹刈・栽培技術の習得、ゴミ　　　　　　　　笹刈・栽培技術の習得、ゴミ
　問題の理解、人間理解など　　　　　　　　　問題の理解、人間理解など
・活動推進のノウハウ
　集団運営、イベント企画など

・講演会　　　　　　　　　　　　　　　　　・講演会
・観察会　　　　　　　　　　　　　　　　　・観察会
・市民参加の調査　　　　　　　　　　　　　・市民参加の調査
・研修
　専門家との勉強会、専門誌
　の輪読、外部講習会など

非状況的学習

図10-3　NPOが促進する学習の4分類

（4）NPO法人の学習促進

　では、実際にどれぐらいのNPOがこのような学習を促進しているのか。法人化したNPO、つまり特定非営利活動法人（通称NPO法人）を対象とした全国アンケート調査の結果から、概況をみてみよう[6]。外部の人々の状況的学習については、NPOに尋ねても回答が難しいと思われるため、ほかの3分類について尋ねている。

　第1に、外部の人々の非状況的学習である。ほとんどの団体が一般の人々に対して何らかの学習機会を提供している。例を挙げると、学習会（講座・講演・ワークショップ・セミナー）71.1％、イベント（テーマイベント・映画・演劇・フェスティバル・展示）46.7％、発表会（シンポジウム・フォーラム・報告会）41.3％などである。「とくに学習の場は提供していない」と回答した団体は7.7％にすぎない。

　第2に、内部の人々の非状況的学習である。スタッフに対する研修を尋ねたところ、スタッフ同士の学習会の開催（57.3％）、外部の研修機関への派遣（49.8％）、NPO関連の情報誌・文献の購入（41.5％）、独自の研修プログラムの実施（31.5％）、資格取得の促進（29.5％）などである。このように、スタッフの研修に積極的なNPOが多い。

　第3に、内部の人々の状況的学習である。NPOのスタッフは、さまざまな局面を乗り切ることによって力量を向上させている。調査ではNPO活動

に発生しやすい局面を挙げ、それぞれが力量向上に結びついているかどうかを尋ねている。多くの項目で、「かなり結びつく」と「まあ結びつく」の合計が7～8割に達している。とくに、「かなり結びつく」の回答率の高いものを例示すると、活動上の困難な問題を乗り切る（48.3％）、団体の設立目的を十分理解する（41.9％）、組織内の人間関係をまとめる（37.3％）、スタッフ同士で自由に討論する（36.9％）、専門家と共に活動する（36.4％）である。

以上のように、NPOの活動には多様な学習が組み込まれている。「NPOは学びの宝庫」といってよいのではないだろうか。

3　学びのネットワーク

近年では、「つながり」やネットワークの側面から社会のあり方を見直す動きが活発化している。本節では、それに関する主要な概念であるソーシャル・キャピタルを取り上げ、学習との関係を検討する。

（1）ソーシャル・キャピタルとは何か

上記でみた学習装置としてのNPOは、同時に人と人をつなぐ装置でもある。NPOの社会的な役割に関する全国調査の結果によると、NPO自身と一般国民の両方が、NPOの最も重要な役割を「人と人をつなぐこと」とみているのである[7]。

ところで、人と人のつながりをとらえるための概念として、ソーシャル・キャピタル（social capital）がある。これは、人や組織の社会的な関係が一種の資本のようなものだという考え方に基づく概念である。ソーシャル・キャピタルの定義はさまざまである。たとえば、ソーシャル・キャピタルの研究者として有名なパットナム（Putnam, R.）は、「調整された諸活動を活発にすることによって社会の効率性を改善できる、信頼、規範、ネットワークといった社会組織の特徴」[8]と定義している。要するに、社会の効率的な運営を促すことのできる諸要因（信頼、規範、ネットワーク）と理解すればいいだろう。

このうち、とくに注目されているのがネットワークである。その主なタイ

プ（ないしは次元）として、結束型（bonding、同質的な成員による集団内部の強い結びつき）と橋渡し型（bridging、異質な人同士や集団間のゆるやかで横断的な結びつき）がある。結束型の例としては、伝統的な共同体における人々の強い連帯、特定のNPOにおけるスタッフ同士の絆などが挙げられる。これに対し、橋渡し型としては、現代の都市社会における異文化や異なる立場にある人同士の緩やかなつながり、異分野で活動するNPOの間の協力関係などがある。

（2）学習を通したネットワーク

　117ページの図10-1でみたように、現代消費社会においては、人と人との関係は分断され、私たちは孤立しやすい環境におかれている。何でも自分自身で選択し、その結果責任も自分で背負い込むといった傾向にある。ドイツの社会学者であるベック（Beck, U.）は、こうした現状を「個人化」（individualization）と呼んでいる[9]。

　ソーシャル・キャピタル論の用語でいえば、次のようになる。伝統社会において、私たちは結束型のネットワークから拘束されながらも支えられていた。現代では、そのような拘束的な状況から解放されたものの、それとは別の結束型や橋渡し型のネットワークを獲得できず、セーフティネットを失ったまま漂っているということになる。これがベックのいう個人化である。

　こうした状況の中で、前述のNPOは人と人をつなぐことによって、新しいネットワークを生み出しているのである。学習装置としてのNPOが人間関係を豊かにすることによって、人々の間で学びあいも活発化する可能性がある。124ページの図10-3に示した多様な形態の学びは、単に一人ひとりが独立して学ぶわけではない。「みんなで」学ぶのであり、そこには学びあいが生じている。学習装置であり、人と人をつなぐ装置でもあるNPOは、その両機能の合体を通して学びあいを促進する貴重な存在である。

　NPOという装置を離れても、個人化した私たちが新たなネットワークを手に入れるためには、学習活動が有効となる場合が多い。たとえば、公民館などの学習講座の修了生が自主学習グループをつくって学習を継続するという場合、いわば、学習を「接着剤」とした結束型ネットワークが生まれるわ

けである。自主学習グループが多様に存在している地域において、グループ間の協力によってイベントや地域づくりの活動を行うという場合、橋渡し型ネットワークが成り立つ。さらに、世代間交流を目的とする学習事業（高齢者が昔の遊びを子どもたちに教えるなど）においては、世代の違いをつなぐという意味で橋渡し型ネットワークが促進される。このように、結束型や橋渡し型のネットワークを促進する学習活動においては、人々の学びあいが促進される。

　人々が孤立しやすい現代社会では、ソーシャル・キャピタルの醸成という観点から、NPOや学習活動を評価する必要がある。あらゆる人々が学習を通して人や社会とつながるとともに、そうしたつながりが人々の学びあいを促進していくことを期待したいものである。

確認問題

（1）「個人対社会」関係の変遷に伴い、学習の特質はどのように変化してきたか。
（2）NPOが促進する学習の4分類とは、どのようなものか。
（3）ソーシャル・キャピタルと学習との間には、どのような関係があるか。

〈註〉
1) 4部門構成の考え方については、ビクターA. ペストフ『福祉社会と市民民主主義——協同組合と社会的企業の役割』藤田暁男他訳、日本経済評論社、2000年、pp.48-49を参照。
2) Lester M. Salamon, S. Wojciech Sokolowski, and Associates, *Global Civil Society: Dimensions of the Nonprofit Sector*, Kumarian Press, 2004. なお、翻訳表記は、中川芙美子「日本のNPOの全体像」山内直人・田中敬文・河井孝仁編『NPO白書2007』大阪大学大学院国際公共政策研究科NPO研究情報センター、2007年を採用した。
3) https://www.npo-homepage.go.jp/about/npo.html（内閣府NPOホームページ「NPOとは？」より、2011/9/28）。
4) ジーン・レイヴ、エティエンヌ・ウェンガー『状況に埋め込まれた学習——正統的周辺参加』佐伯胖訳、産業図書、1993年。
5) Jarvis, P., *International Dictionary of Adult and Continuing Education*, Kogan Page Limited, 1990.
6) 科学研究費補助金（B）（1）平成13・14年度研究成果報告書『NPOの教育力と社会教育の公

共性をめぐる総合的研究』（代表＝佐藤一子）東京大学大学院教育学研究科生涯教育計画コース、2003年より。なお、この研究成果をもとにした学術書として佐藤一子編『NPOの教育力』東京大学出版会、2004年が刊行されている。
7) NPOの調査結果は内閣府大臣官房政府広報室『NPO（民間非営利組織）に関する世論調査（平成17年8月調査）』、一般国民の調査結果は内閣府国民生活局『平成17年度市民活動団体基本調査報告書』2006年より。
8) ロバート・D・パットナム『哲学する民主主義——伝統と改革の市民的構造』河田潤一訳、NTT出版、2001年、pp.206-207。
9) ウルリヒ・ベック『危険社会』東廉・伊藤美登里訳、法政大学出版局、1998年、pp.259-271。

〈より深く学習するための参考文献や資料〉
・佐藤一子編『NPOの教育力——生涯学習と市民的公共性』東京大学出版会、2004年（NPOがもつ学習促進の力が、事例調査やアンケート調査によって浮き彫りにされている）。
・ジョン・フィールド『ソーシャルキャピタルと生涯学習』矢野裕俊監訳、立田慶裕・赤尾勝己・中村浩子訳、東信堂、2011年（成人の学習とソーシャル・キャピタルとの関係をきめ細かく分析している）。

コラム7：人類の歴史は学びから始まった

『一万年の旅路——ネイティヴ・アメリカンの口承史』という本がある（ポーラ・アンダーウッド著、星川淳訳、翔泳社、1998年、原著の書名：*The Walking People*）。これは、アメリカ先住民のイロコイ族に伝わる口承史を書物にしたものである。樹上生活を捨て、アフリカ（あるいはアラビア半島）を出てユーラシア大陸を経てベーリング海峡を渡り（この時期が約1万年前にあたる）、北米大陸の五大湖のほとりに永住の地を見つけるまで、一族の長い歴史が緻密に描写されている。

注目すべきは、随所で「学ぶ」（learn）という言葉が使われていることである。たとえば、新しい困難に直面したとき、一族は輪になって知恵を出し合う。「われらは個々の知恵を〈一族の輪〉からたんねんに集めたうえ、それを人々の間で育み、一つの目的へと絞り込んでいくことの大切さを学んだ民であった」（p.172）というわけである。本章で述べた「創造」の学習に相当する。

そして、知恵を出し合って新しい生活の方法を考案したら、それをみんなで理解するとともに、後の世代に伝えなければならない。そのことは、「学べるかぎりのことを学ぼう。ありとあらゆるものに目を向けよう。すべての音に耳を傾けよう。あとに続く者たちに、この贈り物を伝えよう。」（p.18）と書かれており、これは「伝承」の学習に当たる。

本章の中で、伝統的共同体では「伝承」、現代では「創造」の学習が中心と述べた。しかし、これはあくまでもウェイトの問題にすぎず、伝統的共同体でも「創造」の学習、現代でも「伝承」の学習が必要であることはいうまでもない。イロコイ族の口承史には、人類の創成期にこの2つの学習が共に重要であったことが明確に表現されている。まさに人類の祖先は「学ぶ民」（The Learning People）だったのであり、人類の歴史は学びから始まったといってもいいだろう。

〈第4部〉社会とつながる学び

第11章　おとなのボランティア活動と学び

ボランティア活動と学習との関係は、3つの視点からとらえることができる。第1にボランティア活動を通した学習、第2はボランティア活動を充実させるための学習、第3は人々の学習を支援するためのボランティア活動である。本章では、このうち第1と第2の視点を取り上げ、前者については〈再帰型学習〉を示し、後者についてはボランティア活動と学習活動の循環的発展のメカニズムのモデルを提示する。

キーワード　公共性と先駆性、反作用と省察の循環、〈再帰型学習〉、CORモデル、ボランティア活動と学習活動の循環的発展

1　ボランティア活動は学習の舞台

　ボランティア活動には、自発性、公共性、無償性という3つの原則があり、近年では先駆性や自己実現といった特性も付与されるようになった。ここでは、それらを説明したうえで、ボランティア活動と学習との関係を整理する。

（1）ボランティア活動とは何か
①ボランティア活動の原則と特性
　ボランティア活動は、自発性、公共性（公益性）、無償性（無報酬性）の三原則をもつといわれる。つまり、「自ら進んで、社会のために、報酬をあてにせず行う活動」がボランティア活動である。
　最近では、地域・社会の変革や新しい社会的事業に取り組む活動が目立つことから、先駆性といったこともボランティア活動の特性として注目されるようになった。さらに、奉仕や社会貢献としてだけでなく、ボランティア自身の生きがいや自己実現という側面からも注目されている。こうして、先駆性や自己実現という意味も付与されながら、現代のボランティア活動はさまざまな期待を背負うようになった。

②公共性と先駆性との関係

　ここで注意が必要なのは、公共性と先駆性との関係である。現代のように社会変化の激しい時代においては、何が公共の利益になるのか自明でない場合が少なくない。先駆的な視点や価値観は、従来型の考えに基づけば反公共とみられることもある。たとえば、従来の公園設計では生態系を重視することはあまりなかった。そのため、見た目にきれいな樹木や園芸的な植栽を導入することが多かった。野草が生えてくれば「雑草」と称して刈ったり抜いたりすることが一般的であった。それに対し、生態系という新しい視点をもち込むことによって、従来型の公園整備や公園管理のあり方が問い直されることになる。生態系を重視した公園では、景観重視の植栽よりも、地元に昔から自生しているような（ややもすれば地味な）在来植物を中心に植えることになる。同じ野草でも、繁殖力の強い帰化植物のようなものは除去しながら、在来植物として地域の生態系の基盤を形成する野草は残すことになる。従来の管理では「草を生やすなんてとんでもない」と忌み嫌われた野草も、生態系重視の公園では貴重なグラウンドカバーとして大切にされる。従来型の視点に立てば生態系主義は反公共、新しい視点に立てば生態系主義こそが公共性の中心となる。

　このように、公共性の基準は時代とともに変化することがある。ボランティア活動の先駆性とは、従来の公共観から未来志向の公共観への転換を促すことといってよい。このような公共観の転換には、必然的に学習活動が伴う。「わがまち里山クラブ」の事例でみた非状況的学習（第10章参照）とは、いってみればこのような未来志向の公共観を模索する活動であったといえる。「新しい公共」とは、方法面からみれば前章で説明したように、行政が独占的に担う公共から、他のセクターも一緒に担う公共への転換である。しかし、内容面からみれば、従来的な基準から新しい基準への転換であり、また固定的な基準から流動性の高い基準への転換でもある。そして、そうした公共観の転換には、非状況的学習としての学習活動——次項で述べる、ボランティア活動と学習との関係についての第2の視点「ボランティア活動を充実させるための学習」——が必然的に伴うのである。

(2) ボランティア活動と学習との関係

ボランティア活動と学習とは密接な関係にある。例として文部科学省が生涯学習に関連して述べた言葉を借りるならば、その関係は次のような3つの視点からとらえることができる（生涯学習審議会「今後の社会の動向に対応した生涯学習の振興方策について（答申）」1992年を一部修正）。

> 第1は、ボランティア活動そのものが自己開発・自己実現につながる生涯学習となるという視点である。第2は、ボランティア活動を行うために必要な知識・技術を習得するための学習として生涯学習があり、学習の成果を生かして深める実践としてボランティア活動があるという視点である。第3は、人々の生涯学習を支援するボランティア活動によって、生涯学習の振興が一層図られるという視点である。

生涯学習を学習という用語に置きかえれば、上記の視点は次のように要約することができる。第1にボランティア活動を通した学習、第2はボランティア活動を充実させるための学習、第3は人々の学習を支援するためのボランティア活動である。

ボランティア自身の学びという点では、このうち第1と第2の視点が重要となる。本書でこれまで紹介してきた概念に対応させるならば、ボランティア活動を通した学習は状況的学習（第10章参照）、ボランティア活動を充実させるための学習は非状況的学習（学習活動）に相当する。そして前述のとおり、第2の視点は、公共性と先駆性の間を調整するために不可欠のものとなる。

本章では、上記に述べた2つの視点のうち、第1の視点を第2節、第2の視点を第3節で、それぞれ具体的なボランティアのイメージを示しながら説明する。

2　ボランティア活動を通した学習

ボランティア活動を通した学習という第1の視点に立てば、ボランティア

活動は、それ自体が体験的な学習の場である。前章の「わがまち里山クラブ」に参加するボランティアに即していえば、それらの学習は笹刈や栽培の技術を少しずつ習得すること、都市とゴミとの関係について考えるきっかけを得ること、新しい人と知り合いになることを通して人間理解が進むことなどである。本節では、ボランティア活動を通した意識変容（第5章参照）という観点からこの問題に迫ってみよう。

（1）佐藤さんのケースより
　要介護老人のお世話をしているボランティアとして、佐藤さん（仮称、30歳代）に登場してもらおう。佐藤さんは、要介護老人の手伝いをするボランティア・グループ「シルバー・フレンド」に入り、Ａさんという要介護老人の手伝いをするボランティア活動を始めた。このグループには、仲間同士で協力し合って介護活動を充実させようという風土が根づいており、一種の実践コミュニティ（第8章参照）が形成されている。
　ところが、いきなり現場に入った佐藤さんは、はじめはうまくいかなかった。佐藤さんが食事の手伝いをするために、Ａさんの口元にスプーンを近づけると、Ａさんは拒絶したのである。そこで佐藤さんはいろいろ考え、Ａさんの動きにこちらが合わせるようにしたところ、Ａさんはだんだん笑顔を見せてくれるようになり、食事の世話もスムーズに進むようになった。ところが次に、着替えの手伝いがうまくいかない。そうすると、Ａさんはまた不機嫌になる。そこで佐藤さんは、また工夫してＡさんの動きにうまく合わせた着替えのやり方を考えたところ、Ａさんも納得して嬉しそうになった。このようなことを繰り返しているうちに、2人の間には一体感が生まれてきた。
　そうなると、佐藤さん自身の高齢者理解が進み、それに伴い高齢社会に対する自分なりのイメージが膨らんできた。以前は、高齢者福祉というと、自分とは疎遠の近寄りがたい世界のように思えていた。しかし、今では異世代の人々が触れ合って明るく交流するという、楽しいイメージに変わってきたのである。さらに、Ａさんのためにお手伝いしているはずなのに、それをＡさんに喜んでもらうことによって、逆に自分のほうが支えられ、励まされているということも感じるようになった。それらを経て、高齢社会に関する確

〈第4部〉社会とつながる学び

固たる世界観が生まれてきた。それによって、高齢者と共に支え合って生きている自分自身を見出し、そういう人間としての自分の存在証明（つまりアイデンティティ）をはっきりとイメージできるようになったのである。

　そのような佐藤さんの経験を仲間のボランティアに話したところ、みんなも同じようなイメージを抱いていることがわかった。そして、仲間同士で高齢者のことや高齢社会のことについておしゃべりする機会が増えた。そのような経験を経て、佐藤さんは高齢社会に関する自分の世界観をますます自信もって抱くようになり、そうした社会における自分自身のアイデンティティについても一層、明確に認識できるようになった。

（2）状況的学習としての〈再帰型学習〉

　佐藤さんを例にとった意識変容（ここでは新たな世界観やアイデンティティの獲得）の過程は、図11-1のように表すことができる。まず図の説明をしてみよう。図中の（A）〜（G）は、下記文中の記号に対応している。

　ボランティアは、活動（A）を通して社会に何らかの影響を及ぼす（環境改善、地域福祉の向上など）。その成果からの反作用（B）を受け、活動成果をふり返るとともに、さらなる活動の向上に向けて省察（第6章、第8章参照）（C）を行い、次の段階のボランティア活動に向かっていく。再び成果をあげると、その反作用から、さらなるふり返り（省察）が発生する。このように、反作用と省察が循環的に生じる中で、活動が発展するとともにボランティア自身の世界観（D）が構築されていく。ボランティアはそのよう

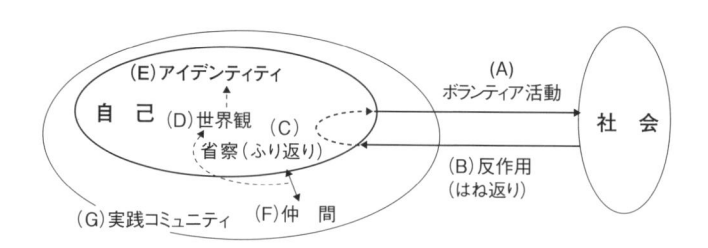

図11-1　〈再帰型学習〉のモデル
田中雅文『ボランティア活動とおとなの学び』学文社、2011年、p.131を一部修正

な世界観に支えられて自分の社会的な役割と位置を明確に認識し、それが安定的な自己アイデンティティ（E）の獲得につながる。

ところで、ボランティア仲間（F）が共同的に活動することによって、一種の実践コミュニティ（G）が形成され、そこでの仲間同士のやりとりが上記の世界観の維持や強化を促す。こうして、ボランティアは、活動を通した反作用・省察の循環、仲間とのコミュニケーションによって、自らの世界観とアイデンティティを獲得・定着させていくのである。

以上で説明した図の用語と佐藤さんの意識や行動を対応させると、次のようになる。ここで、佐藤さんにとっての社会的な成果とは、Aさんを支える介護活動の向上を意味する。

食事の手伝い（ボランティア活動）→Aさんが拒絶（反作用）→いろいろ考えた（省察）→Aさんの動きに合わせた（ボランティア活動）→Aさんの笑顔（反作用）→着替えの手伝い（ボランティア活動）→Aさんが不機嫌（反作用）→工夫（省察）→Aさんが納得（反作用）→Aさんとの一体感と高齢社会へのイメージ（世界観）→高齢者と支え合う自分のイメージ（アイデンティティ）→仲間とのコミュニケーション（世界観とアイデンティティの安定化）

以上のように、ボランティア活動がもたらした結果を受けて、「反作用と省察の循環」が生じることによって介護活動の向上が実現し、それがボランティアの世界観とアイデンティティにつながる。その過程で仲間とのコミュニケーションが重要な役割を果たす。佐藤さんを例にとった図11-1のメカニズムはこのようなものである。

「学習とは経験による行動（思考様式などの潜在的な心身機能を含む）の変容」だという定義[1]に基づけば、佐藤さんのような意識変容も一種の学習であり、しかも活動という状況の中で生起するので状況的学習である。このように、活動成果からの反作用とそれへの省察という循環的な過程を経て意識変容が生じる状況的学習を、筆者は〈再帰型学習〉と呼んでいる[2]。

3 ボランティア活動を充実させるための学習

次に、ボランティア活動と学習に関する第2の視点である、ボランティア活動を充実させるための学習に着目してみよう。ここでも前章の「わがまち里山クラブ」に即していえば、それらの学習は講演会、観察会、市民参加の調査に相当する。本節では、趣味的な学習で得られた成果をボランティアとして公共的な活動に生かすという事例をもとに、この第2の視点について考えてみよう。

（1）鈴木さんのケースより

ここでは、バイオリンの演奏を趣味にしている鈴木さん（仮称、50歳代）に登場してもらう。文章中、カッコ内のアルファベットは、138ページで説明する図11-2の（A）～（G）に対応している。

鈴木さんは、大人になってからバイオリンを習い始めた（G）ものの、当初から演奏技術（専門性）の向上をめざしていたので順調に上達してきた。その学習成果をボランティア活動で活かしたいと思い、たまたま誘われて福祉施設で演奏してみたら、入所者の人たちからとても喜んでもらえた。予想以上のいい反応に鈴木さんも嬉しくなり、自分自身に何となく自信がついてきた（A）。そして、練習して上達することの意義を、これまで以上に実感できるようになり（B）、今では福祉施設での演奏活動が生活の一部になってきた（D）。そこで、もっともっと感動を与えるために高度な曲目に挑戦しようと考え、その曲を演奏している自分の姿を思い浮かべると、いつも嬉しくなる鈴木さんである（C）。家族の事情で親の介護などの負担が増えたものの、学習目標が明確なので挫折せずに乗り越えている（E）。

やがて鈴木さんは、同じように音楽で福祉活動をしている仲間と出会い、「ミュージック・サポート」というグループを結成した。仲間と出会ったことにより、バイオリンの指導者や学習機会に関する情報を入手しやすくなった（F）。そして、より一層の練習に励んで（G）演奏力が向上し、ますます充実した演奏で福祉施設の人たちに大きな感動を与えることができるようになった。そのような成果は、鈴木さんの自信（A）や学習意欲（B）をよ

り一層高めているのである。

　鈴木さんの場合、このようにバイオリンの練習（学習活動）とその成果を生かしたボランティア活動が循環的に発展している。そうした好循環によって、鈴木さんは大きな充実感や生きがい感を得ることができるとともに、福祉の領域に対する強い関心を抱くようになった。以前に増して、健康や体力も向上したような気がする。「ミュージック・サポート」の仲間たちとの関係も深まってきた。このように、鈴木さんは自分自身が心身ともにいい方向に変化してきた実感—いわば自己形成の感覚—をもつことができ、それによって自分自身の可能性に大きな自信を抱くようになったのである（A）。

（2）ボランティア活動と学習活動の循環的発展

　鈴木さんの学習活動とボランティア活動の循環的発展を図式で表すと、次ページの図11-2のとおりである。これは、学習活動が諸要因の連鎖的な反応によって自己増殖的に継続していく過程を表した、クロス（Cross, P.）のCORモデル（chain-of-response model）[3]に対し、筆者が実証分析を通してボランティア活動、学習の質、自己形成という要素を組み込んだものである。もともとのクロスのCORモデルは（A）～（G）から構成されている。図が表現しているのは、次のようなことである。カッコ内に書いたアルファベットは図中の記号に対応し、それに続く具体的な記述は鈴木さんのケースに対応するものである。

　多くの学習者は学習活動（G：バイオリンの練習）の成果を生かしたボランティア活動に関心をもち、実現への条件を満たした場合には、実際にボランティアとして学習成果を活用する。それによって自己評価が高まり（A：自信の向上）、教育（学習）への態度が積極的になる（B：練習して上達することの意義を実感）。さらに、生活の変化（D：福祉施設での演奏が生活の一部になったこと）による学習課題の拡充は、学習目標の重要性をより明確に認識するのにプラスの影響を与え、目標達成への期待を向上させる（C：高度な曲目を演奏する自分への期待）。そしてこれらの内面的条件の力により、多少の障害（E：親の介護）があろうとも、それに打ち勝つ態度が身につく。さらに、ボランティア活動の場や仲間を通して学習情報も入手しやすくなり

〈第4部〉社会とつながる学び

```
                      自己形成
    （充実感や生きがい感、社会問題への関心、友人の獲得、健康・体力の増進等）
```

図中の要素：
- (A) 自己評価
- (B) 教育への態度
- (C) 目標の重要度と目標達成への期待
- (D) 生活の変化
- (E) 学習の機会と障害
- (F) 情報
- (G) 学習活動への参加
- 学習の質（専門性等）
- ボランティア活動の条件
- ボランティア活動（活用経験／活用希望）
- 学習がもたらす諸効果

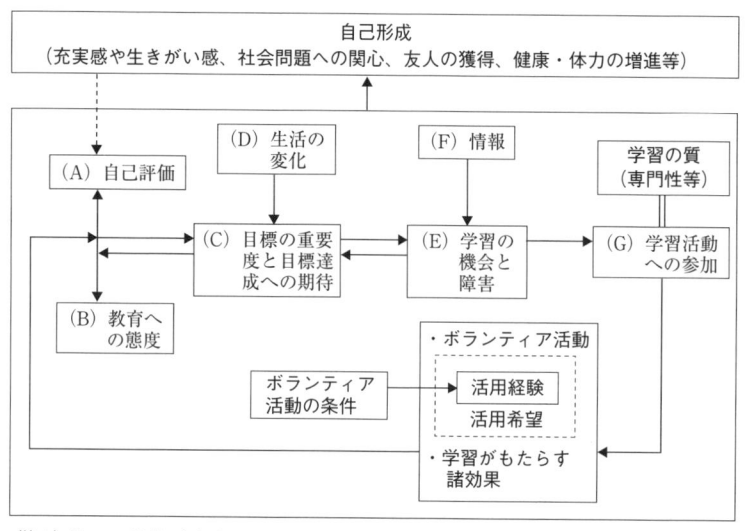

（注1）Cross, K.P. *Adults as Learners*, Jossey-Bass Publishers: San Francisco, 1981, p.124 より引用したものを和訳・加筆。原典のCORモデルは、A～Gの各変数とそれを結ぶ矢印から構成されている（原典では、GからA、Bを結ぶ線まで直接矢印が伸びている）。ゴシック体の用語とそれに関わる矢印は、筆者が加筆したもの。
（注2）各用語の原典での表記は、次のとおり。(A) 自己評価＝Self-evaluation、(B) 教育への態度＝Attitudes about education、(C) 目標の重要性と目標達成への期待＝Importance of goals and expectation that participation will meet goals、(D) 生活の変化＝Life transitions、(E) 学習の機会と障害＝Opportunities and barriers、(F) 情報＝Information、(G) 学習活動への参加＝Participation

図11-2　学習活動・ボランティア活動・自己形成の関係
―CORモデルの修正―
田中雅文『ボランティア活動とおとなの学び』学文社、2011年、p.170

（F：指導者や学習機会の情報）、次の学習機会の発見が容易になる。これらの諸要素は、次の段階の学習活動（G：より一層の練習への励み）に向けた推進力となる。このようにして、学習活動とボランティア活動の連鎖が成り立ち、そのことが充実感や生きがい感、社会問題への関心、友人の獲得、健康・体力の増進といった自己形成に関わる諸要素にプラスの影響を及ぼす。これらは必然的に自己評価の向上（A：自信）や教育（学習）への積極的な態度（B：学習意欲）につながり、上記の循環を後押しすることになる。なお、このような学習活動とボランティア活動の循環的発展は、学習の質（専門性）の高さを志向する人に生じやすい。

この説明に、先ほどの鈴木さんのケースを重ね合わせれば、図11-2は理解しやすくなるだろう。繰り返しになるが、ボランティア活動と学習活動は循環的に進展していく可能性をもっている。その循環がボランティア自身の自己形成を促し、それがまた自己評価の高さにつながり、学習継続を後押しする。こうしたメカニズムのもとに、学習活動、ボランティア活動、自己形成は相互に関係をもちながら進展していくとみられるのである[4]。

確認問題

（1）ボランティア活動と学習との間にある、3つの関係とは何か。
（2）ボランティア活動を通した学習とは、どのようなものか。
（3）ボランティア活動と学習活動の循環的発展とは、どのようなものか。

〈註〉
1) 東洋「学習」依田新監修『新・教育心理学事典』金子書房、1977年、pp.77-79、井上健治「学習」日本教育社会学会編『新教育社会学辞典』東洋館出版社、1986年。
2) 田中雅文『ボランティア活動とおとなの学び――自己と社会の循環的発展』学文社、2011年、pp.65-132。
3) Cross, K. P. *Adults as Learners*, Jossey-Bass Publishers: San Francisco, 1981, p.124.
4) ここで述べたボランティア活動と学習活動の循環的発展については、田中雅文、前掲書、pp.133-172を参照。

〈より深く学習するための参考文献や資料〉
・田中雅文『ボランティア活動とおとなの学び――自己と社会の循環的発展』学文社、2011年（質的・量的調査を通して、ボランティア活動が自己と社会の循環的発展に与える影響と、そこでの学習の役割を浮き彫りにしている）。

〈第4部〉社会とつながる学び

コラム8：ボランティアのいらないボランティア構造

　江戸時代の社会は巨大なボランティア社会であった。石川英輔・田中優子『大江戸ボランティア事情』（講談社、1996年）は、そのような解釈を可能としてくれる貴重な文献である。同書によると、江戸時代の日本社会は、「心から自然に（＝自主的に）（中略）助けたいときに助け、助けられたいときに助けてもらえる社会」（pp.5-6）であった。さらにそれは、「人間であることがボランティアであることと同じ意味だった時代であり、公の仕事の大部分を庶民のボランティアが担当していた驚くべき社会だった」（p.22）のである。

　このような江戸時代の社会を現代に即した言葉で表現するならば、ソーシャル・キャピタル（第10章参照）に相当する社会的関係がしっかり根付き、それを基盤に活発なボランティア活動が展開されていたということになる。同書を読むかぎり、ボランティア活動の3原則としての公共性と無償性のほか、自発性（自主性）も十分にあったとみてよい。

　著者の一人である田中優子は、このような江戸時代の社会を「みんながばらばらのように見えて、実際は内側ですべてがつながっているという世の中、ボランティアのいらないゆるやかなボランティア構造だった」（p.330）と表現している。あえてボランティアとかソーシャル・キャピタルとかいわなくても、実際にはみんなで協力してつながり合って社会を運営していたわけである。

　もう一人の著者である石川英輔は、「ボランティアがいなくなるとボランティアというカタカナ語が流行する」（p.314）と述べている。もともと社会に根付いていた不可欠の仕組みや精神などが時代の変化とともに消滅したとき、それに対する強い希求が新しい言葉を生み出すのかもしれない。ソーシャル・キャピタル、コミュニティ、生きる力、人間力なども、その類だろう。

第12章　学習社会における子ども・若者の学び

> 子どもや若者にとって、現代の地域は自己形成空間としての意味を失いつつある。本章ではまず、その現状を把握したうえで新しい試みを紹介する。さらに、子どもを社会人として育てるという観点から、学校教育の新たな可能性を検討するとともに、そのような観点に立ったときの教育の構造転換の課題について、まちづくりや社会教育の視点を導入しながら検討する。

キーワード　自己形成空間、社会力、シティズンシップ教育、サービス・ラーニング、学校支援ボランティア

1　自己形成空間としての地域

　子どもたちを社会人として育てる機能を地域が失いつつある現代において、私たちに何ができるのだろうか。本節では、そうした観点から地域の実態を把握するとともに、新しい試みとして子どものまち、冒険遊び場、放課後子どもプランを検討する。

（1）地域における生活空間の希薄化

　充実度や内容の個人差こそあれ、子どもたちにとって学校や家庭にはそれぞれの人間関係や諸体験の機会がある。つまり、そこには高橋勝がいうような「自己形成空間」——子どもが、さまざまな他者・自然・事物と〈かかわりあう〉中で徐々に形成されてくる意味空間であり、相互に交流し合う舞台——が存在するといってよい[1]。それに対して地域はどうだろうか。学習塾やけいこ事など個別の教育事業の場を除くと、現代の都市化された地域では、子どもの自己形成に影響力をもちうる社会的空間としての人間関係や諸体験の場は、極めて少ないといってよい。自己形成に対する効果という点からみると、多くの子どもたちにとって地域は「希薄な」空間になってしまった。
　地域が子どもたちの自己形成空間として機能するためには、個々の子ども

が地域コミュニティの一員として明確に位置づけられ、それを基盤に豊かな人間関係と体験の機会が与えられることが不可欠である。たとえば、地域のお祭りに「お客さん」として参加するだけでなく、企画の段階から参加（つまり「参画」）することになれば、そこでは年齢や立場を越えた人々とのコミュニケーションが充実する。おとなが大掛かりな設営の中心となり、中高生がその指示のもとに動き、小学生が細かい道具類を運んだり周辺的な手伝いをする、という階層的な作業体制ができていれば、小学生の関わりはまさに正統的周辺参加（第5章参照）となる。いずれ大きくなったら中心的な役割が果たせる、という将来イメージをもちながら準備に参加できる。

　あるいは、異年齢の子どもたちで構成するようなピア・グループ（仲間集団）が成り立っていれば、そこには小さな社会が生まれる。年長の子どもをリーダーとする集団運営がそこにはある。こうした異年齢集団から子どもたちは社会性を身につける。ときにはケンカや怪我など不測の事態も起こり、その解決を経験することも貴重な学びとなる。

　伝統的な共同体の仕組みが残っている地域では、以上に述べたような地域の行事や異年齢集団が、子どもたちの自己形成に大きな影響をもっている。おとなや年長者との関わりの中で鍛えられ、体験的に学び、自己形成をはかることができる。まさに、自己形成空間としての地域である。

　しかし、現代の都市社会の多くでは、そのような空間は失われ、あるいは希薄化している。消費社会やメディア社会の発達が、子どもを社会的関係から遠ざけている。消費社会を例にとれば、貨幣経済のもとで私たちの日常生活は快適で便利なものになった。お金さえあれば、他の人々との協力や相互扶助などに頼らなくても、物やサービスが手に入る。個人生活を充実させるためには、他人との社会的な関係など必要ないのである。それが結果的に、人々の孤立という問題につながっている。子どもたちは、第10章の図10-1（117ページ）に示した現代消費社会の真っ只中にいるのである。もちろん、このような状況にあるのは子どもだけではない。おとなを含めて現代に生きる人々のすべてが、孤立傾向を強めている。しかし、発達途上にある子ども期には、その影響がとりわけ大きい。

　国の各省庁でもこうした子どもたちの現状を憂慮し、人とつながり社会の

中で主体的に生き抜く力の必要性を訴え続けている。たとえば、2006年2月に経済産業省の社会人基礎力研究会が「社会人基礎力」、2008年2月には文部科学省の中央教育審議会が「人間力」(第14章参照)を提案している。キャリア教育の政策に、職業のみならず社会的な側面での自立が含まれるようになったことも、注目すべき動向である(第3章参照)。さらに、社会で生き抜くだけでなく、「新しい社会をつくっていく」ことにも力点をおいた主張として、門脇厚司の「社会力」がある。門脇によると、「社会力」とは「人が人とつながり、社会をつくる力」である[2]。

(2) 子どもを育てる地域装置

以上に見てきたように、都市社会の広がりとともに、充実した人間関係と体験の場を子どもたちに提供できる自生的な教育の仕組み(祭りでの正統的周辺参加やピア・グループでの経験など)が消滅してきた。その一方で、そのような生活空間を少しでも整えようと、新しく生まれてきた活動や事業もある。ここでは、特色ある活動として「こどものまち」と冒険遊び場、国の総合的な取り組みとして放課後子どもプランの概況をみてみよう。

①「こどものまち」

子どもたち自身がひとつの「まち」をつくり、その運営を経験することによって社会人としての基礎を培おうとする活動である[3]。概ね2日程度のイベントとして行われる。市長を筆頭に市役所、警察、裁判所、銀行、商店など基本的な機関をつくり、それぞれの責任者を子ども自身が担う。地域通貨と同じような考え方で仮想の貨幣を用意し、参加者は各機関で雇用されて仕事に就くとともに、銀行に預金したり商店で買い物をするといった消費活動を経験できる。当日の参加だけでも市民として職業人としての体験ができるけれども、企画段階から世話役のおとなと共に会議に参加する子どもたちの場合は、この活動全体の中心的な役割を担っており、この子たちが体験から学ぶことは大きい。「こどものまち」の主なモデルは、ドイツの「ミニ・ミュンヘン」である。

②冒険遊び場

　多くの公園は、遊具や施設が固定的であり、子どもが創意工夫によって遊び空間をつくり出すことは想定されていない。それに対し冒険遊び場とは、遊具や遊び空間そのものさえ、子どもが自分たちで作っていくことを想定した遊び場である。全国の冒険遊び場を支援する立場にあるNPO法人日本冒険遊び場づくり協会によれば、冒険遊び場とは「子供の遊び場の中でもより年長の子供たちにやや冒険的で、多少の危険の伴う体験的で、自分たちで遊びの内容を構築していく可能性のある遊び場」であり、住民による運営、行政と住民のパートナーシップ、専門職としてのプレーリーダーの存在が好ましいとされる[4]。冒険遊び場は全国に100箇所以上あり、名称としてはプレーパークと呼ばれるものも含まれる。

③放課後子どもプラン

　地域社会の中で、放課後や週末などに子どもたちが安全で安心して、健やかに育まれることを目的に、平成19年度からスタートした。文部科学省の「放課後子ども教室推進事業」と厚生労働省の「放課後児童健全育成事業」が一体的に、あるいは連携して実施される事業である。具体的には、小学校（余裕教室等）、公民館、児童館などを活用し、地域住民の参加を得ながら、学習やスポーツ・文化活動、地域住民との交流活動などを行うこととなっている。各地のPTA、青少年育成団体をはじめ、地域のさまざまな組織・団体が協力しながら、子どもたちに体験活動の場を提供している。

　以上のような活動や事業は、地域の中で子どもたちにさまざまな人間関係や体験の機会を提供する。「こどものまち」は市民や職業人としての体験、まちづくりの体験、さらには地域の異年齢の子どもやおとなとの多様な人間関係の機会を子どもたちに提供する。冒険遊び場は子ども自身による遊びの創造を促し、「怪我の責任は自分持ち」という自立意識のきっかけをつくるとともに、他の子どもたちやプレーリーダー、地域住民などとの触れ合いの場を提供する。放課後子どもプランは学校以外の場での友だち関係を豊かにするとともに、地域住民との交流に支えられた多様な体験の場を提供する。

それぞれが子どもたちに人間関係と体験の機会を提供し、地域における自己形成空間を獲得するきっかけをつくり出す効果をもっているといえる。

ただし、すべての子どもたちがこれらに参加するわけではない。しかもそれぞれの機会に参加するだけであれば、限られた人間関係と体験にとどまってしまう。これらをきっかけにして、日常の地域生活そのものが、豊かな人間関係と体験に満ちていくことが重要である。

2　学校教育の新たな可能性

学校でも新しい試みが行われている。本節では、シティズンシップ教育、サービス・ラーニング、学校支援ボランティアを中心にそれらの実態を確認し、大学生を事例にとって、「子どもや若者が社会人として育つ」という観点からみた現代の学校教育の意味を検討する。

（1）シティズンシップ教育とサービス・ラーニング

学校では、子ども・若者を社会人として育てる試みがどのようになされているだろうか。従来から、日本の学校では行事や特別活動を重視しており、その中で人間関係、組織運営、事業推進など社会人としての基礎力を培ってきたといってよい。さらに、総合的な学習の時間によって、社会の諸側面と触れ合う時間を充実させる試みも増えてきた。

①シティズンシップ教育

とくに近年では、主体的な市民としてさまざまな社会的課題に立ち向かい、それらについて他の人々とともに考え、議論し、地域・国家・地球社会の各レベルで新しい社会を構築していくための力も求められている。前述の門脇による「社会力」に相当する力である。このような、市民としての基礎力を身につけるための教育をシティズンシップ教育（citizenship education）と呼ぶことがあり、その必要性が指摘されるようになった[5]。

シティズンシップ教育としては、イギリスが2002年から全学校に導入したナショナル・カリキュラムが有名である。しかし、上記のような趣旨に

あった教育は、世界各国で自国の事情に応じて取り組まれている。日本では、東京都品川区の小中学校で「市民科」、お茶の水女子大学附属小学校で「市民」という授業科目が創設され、注目されることとなった。

②サービス・ラーニング

一方、サービス・ラーニング（service learning）というものがある。これは、主にアメリカで発達した考え方である。「1990年全国およびコミュニティ・サービス法」（National and Community Service Trust Act of 1990）での定義に基づき、藤村好美は「学校教育などのカリキュラムに位置づけられるもので、学習とコミュニティ・サービスを組み合わせて、コミュニティの課題解決を図り、かつ学習者の省察を伴うもの」とまとめている[6]。

たとえば小学校の授業の中で、「校区内の川の汚染状態を調べたうえ、汚染の原因や改善策を子どもたちで討議し、提案書をまとめて市役所に提出するとともに、自分たち自身の生活改善の方法を話し合う」という授業を行った場合、これはサービス・ラーニングの一種として位置づけられる。同時に、環境改善のための意識と行動力を培う教育であることから、シティズンシップ教育の一環でもある。サービス・ラーニングとは、シティズンシップ教育の方法論のひとつと理解していいだろう。

日本では総合的な学習の時間を活用し、学校によってはこうしたサービス・ラーニングに相当する授業が熱心に行われてきた。もっとも、サービス・ラーニングは、初等・中等教育だけでなく、大学等の高等教育でも重要である。むしろ、アメリカの学校教育におけるサービス・ラーニングは、高等教育から始まったという経緯もある。日本においても、ボランティア教育などの枠組みのもとに、学生のサービス・ラーニングを推進する大学が増えてきた。このように近年の学校教育では、子どもから若者までそれぞれの発達段階において、社会人として育つための学習機会の充実が試みられている。

（2）子どもと地域の架け橋として

大学生は生活の自由度が高いので、ボランティア教育などを通して多様な人々と接触する機会が増えれば、それをきっかけに新しい社会的な活動に入

っていくことも可能である。しかし、小学校から高等学校までは学校での拘束時間が長く、しかも年齢も低いために、シティズンシップ教育やサービス・ラーニングをきっかけに自ら地域での人間関係を広げていく、という積極性を期待するのは難しい。そこで、子どもたちが学校外でも地域住民と接触できるようなきっかけづくりを、ある程度は意図的に仕組むことが必要である。そうでなければ、これらの教育が地域における人間関係や体験の充実にまで結びつくことは困難である。

　上記のような視点に立ったとき、学校と地域・社会の連携、つまり学社連携が重要である。シティズンシップ教育やサービス・ラーニングにかぎらず、多くの学校では地域住民と連携した教育活動を行っている。これらに参加する住民は、学校支援ボランティアと呼ばれる。この学校支援ボランティアの立場で地域住民が学校に深く入り込み、子どもたちと密接な交流をすることによって、地域における豊かな人間関係や体験の充実が促される可能性がある。ボランティアの住民が子どもたちを地域社会に引き入れるための媒介機能――橋渡し役――を果たすからである。その好例を以下にみてみよう。

　新潟県聖籠町立聖籠中学校では、学校内に地域住民のホームベース（居場所）ともいえる地域交流棟を設け、公民館のように住民が自由に出入りし活用できるようにしている[7]。この空間の管理は住民団体「みらいのたね」が担い、多くの生徒が入り込んで地域のおとなと交流している。一方、授業では、地域住民が持ち込む内容を積極的に位置付けて教材化しているため、授業の中に地域の話題や資源が入り込んでいる。このように、地域社会が学校の中に深く「侵入」し、その侵入部分を媒介に子どもたちが地域社会の構成員として受け止められているのである。

　千葉県習志野市立秋津小学校に併設された地域住民の拠点施設「秋津小学校コミュニティルーム」では、子どもたちを巻き込んだ住民の自主活動が展開されている[8]。この活動を推進してきた岸裕司は、学校と校区双方の機能を融合させながら発展的に営む新しい公設民営型の学校とその校区社会のあり方を「スクール・コミュニティ」と呼ぶ。そこでは教員と地域住民との協働による授業、「まち育て」機能を取り入れた学校開放、学校と校区の完全なパートナーシップと互酬性に基づく学校運営などが実現すべきとされる。

秋津小学校コミュニティルームはスクール・コミュニティの拠点であり、地域社会に子どもたちを引き入れるための媒介機能を果たしているのである。

本節でみてきたように、伝統的な地域社会に根づいていた祭り等の地域行事や子どもたちのピア・グループが衰退し、それに変わる仕組みが地域の中で十分に根づいていない現在、学校がそれらの役割の一部を担っているという現実がある。

（3）学校教育の現代的意味

本節では、子どもを社会とつなげて社会人として育てるための学校の現状と課題をみてきた。最後に、このような教育を受けてきた若者の姿を描写し、学校教育の現代的な意味をイメージしてみよう。ここでは、大学3年生の山田さん（仮称、20歳）に登場してもらう。

山田さんは小学校のときから学習塾に通い、高校受験のときはかなりの時間を使って受験勉強に取り組んだ。大学受験のときも現役生対象の予備校に通って頑張った。あいにく第1希望の大学には入れなかったものの、第2希望には合格し、現在は満足した学生生活を送っている。

このように書くと、受験中心の学校生活だったようにみえるけれども、中学・高校ではバレーボール部に属し、厳しい練習とともに顧問の先生や部活仲間との楽しい交流がいい思い出になっている。授業では、総合的な学習の時間（以下、総合学習）でいろいろなことを学んだ。小学校のときは、地域を流れる川の汚染度の調査を行い、その結果を皆で分析して改善策を考えた。それを提案書にまとめて、市役所の環境保全課の人たちの前で発表したうえ、意見交換も行った。総合学習以外でも、ゲストティーチャー、本の読み聞かせ、理科実験のお手伝いなど、いろいろな場面で学校支援ボランティアの人たちとの接触があった。中学校では職場体験を行い、地域の保育園や老人福祉施設で子どもたちやお年寄りのお世話を行った。核家族で一人っ子として育った山田さんは、小さい子やお年寄りと親密に交流するのが初めてで、この異世代間の交流はとてもいい体験になった。高等学校では、地域に住む外国人の方々と交流したり、国際協力に関するNGOのスタッフの講演を聞いたりして、社会に対する視野が広がった。

以上のような体験に良い印象をもっている山田さんは、大学入学後はボランティア・サークルに入った。活動内容は、発達障害の子どもたちの余暇活動のお手伝い、地域の雑木林の保全活動、地域に住む外国人との交流イベントの世話役など、さまざまである。3年生になった山田さんは、1〜2年での経験を生かし、それぞれの活動でリーダー的な役割を担っている。しかし自分では、小学校から高等学校までの部活や総合学習における多様な体験が、今の自分の活動を支えていると感じている。川の調査における社会的課題への取り組み、学校支援ボランティアの方との触れあい、異世代や外国人との交流における人間関係、NGOの方々から学んだ新しい視点などが自信となって、今のボランティア・サークルでの活動に思い切って取り組んでいる。さらに、大学のボランティア・サークルで培ったコミュニケーション、企画、実践などの基礎的な力は、このあとの就職活動や職業生活でも、きっと効果を発揮するだろうという実感がもてるのである。

　以上のように、山田さんは、受験勉強と大学の授業に一生懸命取り組む一方で、部活動、総合学習、地域住民との触れ合い、ボランティア・サークルという流れの中で人や社会とつながり、社会をつくっていく力を段階的に培ってきた。そのような自分の経験から、教科の学習や受験勉強だけでない学校教育の意味をしみじみと感じているのである。

　このような山田さんの経験から、現代の学校教育がもっているもうひとつの機能——すなわち社会人としての基礎的な力を培うこと——がイメージできるであろう。

3　教育の構造転換に向けて

　上記のように、子ども・若者を社会人として育てることが学校の機能のひとつである。しかし、これをさらに高い機能に発展させるためには、実際のまちづくり（社会づくり）の活動と一体化することが重要である。さらに、社会教育のように具体性の高い実践的な教育領域とも融合すること、知識を吸収するだけでなく生み出すような学習様式を定着させること、なども課題となる。ここでは、上記のような課題を整理し、新しい教育の可能性を検討

する。

（1）まちづくりの拠点としての学校

　前述の聖籠中学校と秋津小学校の場合、子どもたちを地域コミュニティに引き入れるだけでなく、学校を舞台としたボランティア同士のネットワーク化や子どもを巻き込んだまちづくり活動の充実などを通して、コミュニティ再生や「まち育て」など、地域自体を活性化させることを狙っている。学校支援をまちづくりにつなげるという考え方は、これら2校にかぎらず、多くの論者の主張や地域における実践の中に見出すことができる[9]。学校支援は地域から学校教育への貢献というにとどまらず、それを通したまちづくりへのフィードバックがあってこそ継続性が高まる。つまり、学校と地域の間に「win-win」の関係が成り立つことが重要なのである。

　たとえば、里山保全の活動を行っている市民団体が総合学習に協力し、現地で子どもたちの苗木植えの作業を指導した場合、子どもたちにとっては学校教育の枠内での活動であるが、地域からみると里山保全というまちづくり活動に子どもたちが参加したことになる。つまり、学校教育とまちづくりが一体化しているわけである。あるいは、学校の授業に地域のボランティアが入り込み、子どもたちとの人間関係を豊かにした結果、週末に行われる地域の諸活動に子どもたちが参加することになったとすれば、子どもたちにとっては、前述のように生活空間としての地域が豊かになるわけである。しかし一方で、子どもの参加によって地域の諸活動が活発になるのであれば、まちづくりの活性化という効果も生まれる。

　以上のように、学社連携は、学校による地域人材の活用というレベルにとどまらず、むしろ「まちづくりの拠点としての学校」という新しい関係が生まれる可能性をもっているのである。まちづくりと一体化した学校教育、その中でこそ、子どもたちが実践力のある社会人として育っていくのではないだろうか。

（2）学校教育と社会教育の融合

　学校支援は、学校に対する「支援」であると同時に、社会教育に関する団

体の「主体的な活動」の場でもある。付言すれば、学校という「舞台」があってこそ成り立つ社会教育の事業もある。たとえば、NPO法人カタリバは、高校の授業時間に学生スタッフが訪れ、高校生のエンパワーメントを促す活動を行う[10]。この時間は高校生にとっては学校教育であるものの、学生スタッフにとっては社会教育である。学生スタッフは、高校生とのやりとりを通して大きな学びを経験する。学校支援の普及によって、新しいタイプの社会教育活動が生まれたといってよい。まちづくりと同様、社会教育も学校教育と融合しうるし、学校教育と融合することで新しい社会教育の領域が生まれるのである。

　一方、知識の習得を中心としてきた学校教育の限界もある。だからこそ総合学習や各種の体験活動を取り入れて、知育偏重からの脱却を図ってきたのだが、昨今の学力論争によって、その努力も減退する兆しを見せている。佐藤晴雄は、学校教育と社会教育との関係について、次のような指摘を行っている。彼は子どもの思考力や表現力の養成において、学校教育は抽象性、社会教育は具体性に偏重しがちだと指摘し、一般に人々は「社会教育に注目すれば子どもが遊んでばかりいる（具体性への偏重）と感じ、一方の学校教育に目を遣れば頭でっかちを育てている（抽象性への偏重）という印象をもつ」と述べている[11]。そして、学社連携を通してそれぞれの短所を相互に補完することによって、子どもの「学び」をトータルに提供できると主張する。たとえば学校が、生態系や生物多様性を学びながら雑木林の保全活動を行っている市民団体と連携し、「子どもたちが地域の雑木林で実際に保全活動を体験し（具体性）、その意味を教室内で文献や討論によって学習する（抽象性）」という一種のサービス・ラーニングを実現させることによって、佐藤のいうトータルな「学び」が生まれるであろう。

　新しい教育の創造という点では、牧野篤の分析がユニークである[12]。牧野によれば、学校を中心に「知の分配システム」としての機能を果たしてきた従来の教育は、時代変化とともに十分な役割を担えなくなっている。現代においては、知は固定的で分配されるものではなく、常に新たなものへと生成され続けるものであり、それに伴って、主体としての自己も生成され続ける。したがって、現代の教育に求められるのは、「学校という制度を超克し、

生成し続ける知のプラットフォームとして自らを組み換えること」だというわけである。このような抜本的な改革のためには、教師と児童・生徒による従来のような関係ではなく、外部のおとなが交じり合い、社会教育の活動とも融合して、まったく新しい教育の構造をつくり上げる必要があるだろう。

以上に述べてきたように、学校教育と社会教育の融合によって、新しい教育の可能性が生まれる。そのような教育は、子どもたちが新たな知を生成し、主体としての自己を生成する力量を身につけ、社会に生きる、そして社会を変える存在として成長することを可能にするかもしれない。それが、今後における学習社会の重要な課題ではないだろうか。

確認問題

（1）子どもを育てる地域装置として、どのような試みがあるか。
（2）「子どもや若者が社会人として育つ」という点からみた、現代の学校教育の意味はどのようなものか。
（3）まちづくりと社会教育の立場からみると、教育の構造転換の方向はどのようなものなのか。

〈註〉
1）高橋勝『子どもの自己形成空間』川嶋書店、1992年、p.8。
2）門脇厚司『社会力を育てる――新しい学びの構想』岩波書店、2010年。P.65。
3）木下勇・卯月盛夫・みえけんぞう『こどもがまちをつくる――「遊びの都市－ミニ・ミュンヘン」からのひろがり』萌文社、2010年。
4）特定非営利活動法人日本冒険遊び場づくり協会ホームページ参照（http://www.ipa-japan.org/asobiba/play/index.html、2011/9/24）。なお、子どもの発達から見た冒険遊び場の意義については、ロジャー・ハート『子どもの「参画」――コミュニティづくりと身近な環境ケアへの参画のための理論と実際』木下勇・田中治彦・南博文監修、IPA日本支部訳、萌文社、2000年が参考になる。
5）嶺井明子編著『世界のシティズンシップ教育――グローバル時代の国民／市民形成』東信堂、2007年。
6）藤村好美「地域を変えるサービス・ラーニング――シビック・アクティビズムとその先駆け」日本社会教育学会編『NPOと社会教育』東洋館出版、2007年。

7）手島勇平・坂口眞生・玉井康之編著『学校という"まち"が創る学び――教科センター方式を核にした聖籠中学校の挑戦』ぎょうせい、2003年。
8）岸裕司「『スクール・コミュニティ』を創ろう」池上洋通・荒井文昭・安藤聡彦・朝岡幸彦編著『市民立学校をつくる教育ガバナンス』大月書店、2005年。
9）田中雅文「学校支援が社会教育に及ぼす影響」日本社会教育学会編『学校・家庭・地域の連携と社会教育』東洋館出版、2011年。
10）上阪徹著（話し手：今村久美・竹野優花・NPO法人カタリバ）『「カタリバ」という授業――社会起業家と学生が生み出す"つながりづくり"の場としくみ』英治出版、2010年。
11）佐藤晴雄「学社連携における子どもの『学び』の変容と意義――庄司和晃氏の『認識の三段階連関理論』に着眼して」日本社会教育学会『子ども・若者と社会教育――自己形成の場と関係性の変容』東洋館出版社、2002年。
12）牧野篤「知の分配システムから生成プラットフォームへ――『教育』概念の再検討、そのイメージ／覚え書き風に」日本教育学会『教育学研究』第77巻第4号、2011年、pp.27-39。

〈より深く学習するための参考文献や資料〉
・日本社会教育学会編『学校・家庭・地域の連携と社会教育（日本の社会教育　第55集）』東洋館出版社、2011年（学社連携における社会教育の役割や可能性を考察した論文集。事例分析が豊富）。
・門脇厚司『社会力を育てる――新しい学びの構想』岩波書店、2010年（「人が人とつながり、社会をつくる力」としての「社会力」を子どもたちに育むための課題を多角的に論じている）。

コラム9：「ゆとり世代」の復権

　2002年（平成14年）4月、日本の学校教育（初等中等教育）は、授業時間の大幅な減少と総合的な学習の時間の創設を中心とする、新しい学習指導要領を導入した。これは「ゆとり教育」の集大成ともいうべきものであった。しかしその後、学力低下に対する懸念の声を背景に、2011年（平成23年）4月には、授業時間の増加と総合的な学習の時間の削減を軸とする新指導要領が敢行された。

　こうして「ゆとり教育」は、あえなく退散の憂き目を見ることとなった。2002年度以降の学校教育を受けてきた若者たちは「ゆとり世代」と揶揄され、学力の低さや職業活動の面での力のなさを指摘されることがある。

　しかし、本当にそうだろうか？　テキストで登場した山田さんのように、総合的な学習の時間などで多様な社会活動を経験してきた若者は少なくない。むしろ、高度経済成長と消費社会化の中で育った我々のような中高年者に比べると、社会問題に対する意識や視点がしっかりしていると感じることが多い。学力本位でない「ゆとり教育」がもたらしたメリットに、もっと目を向けるべきだと思う。

　筆者は立場上、大学の授業やサークル、そして自分自身が取り組んでいるボランティア活動など、多様な場面で大学生に出会う。そのような場で感じるのは、現代の社会問題に対して「自分自身に何ができるだろうか」と、真面目に考える学生が多いことである。

　「ゆとり教育」を受けてきた若者たちが、まだまだ未熟ながらも社会のあり方を考え、前向きに努力しようとする姿勢を、社会全体で大切にしなければならない。社会の将来を担うのは、ほかでもない若者たちである。「ゆとり世代」と呼ばれる彼／彼女たちに備わる潜在的な力が炸裂し、明日の社会をいい方向に導いてくれることを期待したい。

第5部　学習社会の課題と展望

　このテキストで明らかにしてきた学習社会とは、一人ひとり、人生を自ら切り拓いていく学びが保障される社会（第1部）であり、個人の学びを出発点としつつ組織の学びへと展開される社会（第2部）であり、さらには学びが社会とつながり、社会の改善がめざされるような社会（第3部）であり、そのためにも地域をはじめさまざまな施設や場所で学びあうコミュニティが創造される社会（第4部）である。こうした学習社会は、新しい公共の実現をめざすものとして受け入れられつつあるが、今なお実現されるべき到達目標となっている。

　それでは、新しい公共を創りだすことにつながる学習社会には、どのような課題があるのだろうか。さまざまな課題が挙げられる中、まず第13章では、学習社会が経済をはじめ、教育の「格差」をどの程度乗り越えることができるのか、そのためには学習社会における「評価」のあり方をどのように考えたらよいのかについて論じていく。第14章では、学習社会が新しい「公共性」（第3部を参照）をめざすにあたり、行政や高等教育機関が果たすべき役割は何かについて検討することにしたい。

現職者が学びあうお茶の水女子大学ラウンドテーブル（2010年）
（第14章を参照）

〈第5部〉学習社会の課題と展望

第13章　格差是正と評価

　　日本は今や、経済のほか教育の面でも「格差社会」になっているといわれている。教育の「格差」とは何であり、また学習社会や生涯学習は、「格差是正」に役立つのか、それとも格差の拡大をもたらしてしまうものなのかという点について考える。また格差の是正につながる学びを進めていくためにも、学びがどのように評価されるのか、学習社会にふさわしい評価とは何かについても考えることにしたい。

キーワード　格差是正、遠隔通信教育、学習成果の社会的活用、資格

　格差というと、私たちはある一定の基準があり、基準に比べて差が生じているという意味で受け取ることが多い。私たちは他者と小さな違いに敏感で、日本的平等感に立っているといわれることがあり、格差には基準や標準からみた不平等という意味あいをもつことが多い。苅谷剛彦はしたがって、inequalityという英語がふさわしいと指摘する[1]。

　教育の格差については、近年に入り、学校教育の分野で数多くの研究成果が出されている。たとえば、児童・生徒の成績や学力と親の収入や学歴と間に相関関係があることが指摘されている。教育の格差を是正する政策として、学習指導要領によって教える内容の標準化し、学校間の格差や地域間の格差を薄め、そこから、一人ひとりの学力の格差も見えにくくするという教育政策がとられてきたという指摘もある[2]。

　人が生涯にわたって学び続ける学習社会というアイディアは、学び続けることで、またそのような学びを保障することで、学校教育で生じた教育の格差（学校間の格差、教育の地域間の格差、あるいは学力の格差など）を補い、格差を是正することに貢献できるという考え方もある。しかし他方では、学習社会を通して学ぶ人は学び続け、そうでない人はますます学ばなくなるといったように、教育の格差をいっそう拡大させてしまう危険性もあるはずであ

る。はじめに、学習社会において格差是正は可能であるのかという論点を取り上げてみたい。

次に、教育の格差を是正する学習社会のあり方を望もうとするならば、学習の出口にあたる「評価」のあり方には、どのような工夫が求められるのだろうかが問われるだろう。2では、学歴社会から学習社会に向かうような評価について、評価とは何かという原理論に加え、資格や学習成果の社会的活用といった論点にも具体的にふれながら考えてみたい。

1 格差是正の取り組み

1990年代からは、継続的な経済不況が日本を襲っている。その結果として、これまでは9割以上が中流意識をもっていたとされる日本社会でも、中流意識をもつ層が減り、経済的、社会的、教育的な格差が拡大している。日本はすでに格差社会であるともいわれているのである。

(1) 補償としての学校教育

経済の分野での自由競争はこんにち、教育の分野にも広がってきている。いわゆる新自由主義の経済政策が浸透するにつれて、日本社会では、教育による利益を受けられないままでいる、さまざまな教育的不利益者層が生まれている。こうした人々に対する補償として行われる生涯学習について取り上げてみることにしよう。

補償として行われる生涯学習の一例は、夜間中学校での学習である。夜間中学校は、学校教育法第1条に定める学校（1条学校と呼ばれる）ではない15歳を超えた義務教育未修了者に、中学校教育を行うために夜間に開設される学校・学級を総称したものである。正式名称は中学校夜間学級であり、古いデータだが2000年現在、公立34校（3,286人在学）、自主夜間中学11校がある。またこれまでは、韓国・朝鮮籍生徒（大韓民国、朝鮮民主主義人民共和国成立以前の朝鮮半島からの渡日者など）や中国籍生徒（中国残留孤児など）の割合が多かったが、近年に入ると、病弱者、身体障がい者、ニューカマー（日系ブラジル人など）をはじめ、全日制の中学校からの転校生徒などが増えて

いるという。

(2) 遠隔通信教育

　夜間中学校以外に目を向けると、時間や空間の手間を省くことで、より多くの人々が生涯学習に参加できる手段として、通信教育がある。通信教育には、学校教育法に基づく通信教育（学校通信教育）と、社会教育に基づく通信教育（社会通信教育）がある。学校通信教育は、通信教育の手段により、学校教育の修了資格を取得できるものである。

　玉川大学の通信教育は、学校通信教育の一例になる。1950年に通信教育部がスタートし、日本最初の「小学校教員免許状」を取得できる通信教育課程として発展した玉川大学通信教育部にはすでに24万人以上の受講者がおり、現在も約7千人近くの学生が学んでいる。

　社会通信教育はこれに対して、趣味や語学の教育のように、とくに学歴や学校修了資格を求めない教育を指している。

　遠隔高等教育機関という用語もあり、岩永雅也によれば、「対面授業を基本とせず、何らかの遠隔媒体を用いた教育を主な教授手段とする高等教育機関の総称」[3]を意味している。世界には100以上の遠隔高等教育機関があり、日本の放送大学も遠隔高等教育機関に位置づけられる。

　放送大学学園法（1981年）に基づいて1983年に開学した放送大学は、教養学部の通信制大学である。2001年には大学院も設置され、テレビやラジオなどを媒体とし、全国に57の放送大学学習センターを備えている。2010年10月から、デジタル放送で視聴できるようになった。

　放送大学において注目できるのは、時間的・空間的な距離の克服のほか、学習センターで展開される対面的な「面接授業」の存在も挙げることができる。遠隔高等教育機関には、メディアによる教育のみを用いるものがあるなかで、メディア利用の学習のほか、放送大学で学びあう人々との交流、講師との直接の質疑応答ができているからである。

(3) 学歴と学歴格差の克服

　さて、補償としての学校教育や通信教育が、教育の格差の是正に貢献して

いるのだろうかという問いを考える前に、教育社会学の観点から、学歴と人材配分の問題という原理的なことについて考えてみたい。

学歴というと、「有名な〇〇大学卒業者は社会のなかで高く評価される」といったように、教育の格差を象徴するもののように受け取ることが多いかもしれない。そのような問題をはらむ学歴であるが、もともとは、地縁や血縁によって社会での位置づけが決まるといった前近代的な人材配分を乗り越えるために、したがって、階層や地位の不平等を乗り越えるものとして登場したものである。岩永は、「学歴はいわば、近代的で合理的かつ最も有効な人材配分の指標の一つ」であり、「公平な競争によって獲得され、職業上の役割達成機能を最も近似的に表すと見なされることの多い基準」[4]であると指摘する。

とはいえ、学歴による人材配分は実際の本人の能力・実力から離れるようになり、また新しい身分のように機能してしまうようになっており、学歴の社会的意味に対する批判が生じているのは事実である。

企業はこれまで、特定の著名大学の卒業生や卒業予定者を積極的に採用しようとする傾向があった。これは、高い偏差値の入学試験をクリアしており、高い学力が保証されているのを重視するためである。大学に入ってから一生懸命勉学した知識は、採用試験時にはあまり評価されず（特定の思想や価値観に染まっていると思われてしまうため）、むしろサークル活動や部活動で豊かな人間関係を育んだ学生のほうが採用する価値があるということになってしまう[5]。

現在は、社会人基礎力やコンピテンシーという言葉にあるように、これまでの学歴というラベリングはそのままでは通用しなくなっており、企業における社員教育は、学歴による人材配分に見切りをつけ、学歴を補うかそれに代わる指標を求めるようになっている。企業でも社会人基礎力や資格に、企業外では学習成果の社会的活用に注目が集まるようになっている。資格や学習成果の社会的活用について説明する前に、学習社会における評価の問題にふれることにしよう。

2　学歴社会から学習社会に向かうための評価

　評価というと、教師が生徒の学習の成果をテストによって測定すること（いわゆる成績評価）のことを思い浮かべるだろう。この成績評価のアイディアをそのまま、学習社会における評価にするという考え方もあるかもしれない。しかし、生涯学習にふさわしい評価についての議論が次第に進むようになっている。

　公民館など社会教育施設での講座や、大学の公開講座などでは、テストによる成績評価は実施されていない。連続の公開講座においても、毎回のふり返りシートの他、出席回数によって認定証や修了証が出されることが多く、テストによる成績評価は実施されていない。

　社会教育の講座において、興味ぶかい体験をしたことがある。大学を含む学校教育では、授業を受講するのはテストによって単位を取得し、成績評価を得ることが主な動機づけになっている。しかし社会教育では、たとえば講師だった筆者が、「どの程度私の話を理解したのか、最後にテストしましょうか」と尋ねると、参加者は、「テストはいやです」と回答したのである。単位や成績は学習の動機づけにはならず、テストがないから積極的に学ぶ。社会教育や生涯学習の参加者の考え方を、より積極的に生かせるような評価のあり方とはどのようなものであろうか。

（1）テストによる教育評価

　教育評価の考え方は、教師がインプットした知識を、生徒や学習者がどの程度理解したのかを、アウトプットとしてのテストを通して確認するというものである。これは原因と結果をつなげて考える自然科学のモデルに基づいているといえる。

　自然科学モデルに基づく評価としては、まず思い浮かぶのは、テストによる成績評価であるだろう。先に挙げた玉川大学や放送大学の通信教育のように、単位を認定する生涯学習機関では、テストはごく普通に用いられる教育評価である。

　教育評価には「モジュール学習」による評価もある。これは、自然科学モ

デルの評価に、学習者主体性を加味した評価である。学習を幾つかの段階に区分してモジュール化（単元化）し、各段階の学習を終えて教師の質問に答えると、答えが正しいか間違っているかが判定され、正しい場合には次の段階に進んでいくという学習方法である。ひとつのステップを理解したことに報酬を与えて、次の段階に進んでいくことになる。

このように、教育評価は、社会教育や生涯学習の事業をはじめ、民間企業における社員研修や官庁における研修プログラムでも、インプットとアウトプットを測定する技術的関心に基づく評価として定着している。

教育内容を伝えたい、教育内容を学びたいという関心が、教育者にも学習者の側にもある場合には教育評価は意味をもっている。教育評価の問題点は、学びというとても人間的な営みや学習プロセスの展開に、そのまま自然科学のモデルを当てはめ、学習のすべてが、あるいは学習の評価のすべてが分かると考えようとしている点ではないだろうか。自然科学のアイディアに基づく成績評価では、一人ひとりの思考のプロセスや感情は見えないままであり、評価の対象にはなっていない。あるテストの成績が良くないのは、たまたま体調不良のためなのか、勉強を怠っていたためなのか分からないままになっている。

（2）自己評価と相互評価

学習社会における学びは、系統的な知識を学ぶ場合であっても、教師から知を提供してもらうのではなく、学習者が自分で学習目標や内容、学習方法を決定し、学習の成果を自ら確認する学習（自己決定型学習）が求められるだろう（第2部を参照）。また、講師と学習者同士で、学習者同士でお互いにコミュニケーションをとりながら、学ぶ内容や意味について理解を深めようとすることも大事にされている。

このような評価は、（1）で述べたテストによる評価ではなく、学習者が自分の学習の出発点と到達点を確認する「自己評価」の考え方が大事になっている。自己評価には、学習のための環境条件の設定、学習ニーズの自己診断、学習計画の立案、学習のための人的・物的資源の特定、学習の効果的方法や技法の選択・実行、学習結果の評価の六段階を学習者自身が行うという、

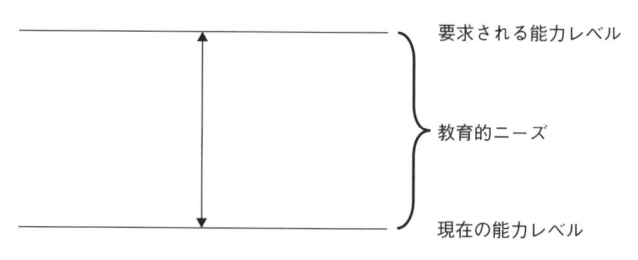

図13-1　教育的ニーズ
ノールズ『成人教育の現代的実践』2002年、p.106

（図の注記：要求される能力レベル／教育的ニーズ／現在の能力レベル）

　第5章で述べた「アンドラゴジー的」な評価がある。アメリカの成人教育学者のマルカム・ノールズ（Knowles, M. S.）は、このような個人中心の自己評価のモデルを提示しており、現在の自己と望ましい自己との間のギャップから学習ニーズ（教育的ニーズ）が生まれること、そして学習の評価は、次の学習ニーズの自己診断につながると指摘する[6]（図13-1参照）。

　さらに、教師と学習者とが授業についてお互いに意見交換し、学習者同士で、講座の印象や感想を語り合うといった「相互評価」の考え方が尊重されるようになる。一つの授業、一つの講義をお互いがどのように聴きとったのかを教師と学習者の間で、あるいは学習者同士で確認し合う相互評価は、自分の学習活動を丁寧にふり返ることができるし、講師からだけでなく他の参加者からも学ぶことが可能であるなどの点で、教育評価とは異なることになるだろう。学習評価は、多様かつ個別的な人生経験・職業経験、社会的背景をもつおとなの学習者にふさわしい評価であり、学習の成果だけでなく学習プロセスを考慮し、さらには学習者相互の学びあいをも大事にする評価であるといえるのではないだろうか。

　学習評価に問題点があるとすれば、お互いに、意見を言い合わなくても理解できてしまう共通の文化があり、その中の社会規範や伝統的な価値観が問われないままになっていることが考えられる。お互いの考え方の土台となる文化や価値観について考え直すということはなされないため、理解し合えることは現状を維持することにつながることになる。学んだことをどのように社会的に活用するかなど、社会的活動を含んだ評価に対する将来展望が見え

にくいのではないかという問題もある。

（3）社会の改善につながる評価

　人間の関心は、自然科学をモデルとする知識の習得や、人間関係の中での相互理解といった点だけではなく、社会全体を改善していきたいという関心もある。人間をとりまく社会環境の改善や改革、制度変革をはかるために学ぶという考え方である。

　この場合、教師と学習者、学習者同士で理解ができる関係の中での相互理解だけではなく、自分自身や自分や他者を形作っている文化の社会規範や価値観そのものをふり返ることや、文化を形作っている社会規範や価値観を変化させること、社会の改善に向かっていくことに関心をおこうとする点に特徴がある。このような関心をふまえる評価では、一人ひとりが身につけている価値観について根本的に考察する中で、伝統的な社会規範は価値観が変容し、社会改善へと向かう学習活動を展開すること、いわゆる意識変容の学習を展開するようになることが評価の基準になる。具体的に考えてみることにしよう。

　たとえば、子育てをめぐる問題について公民館の講座で学び、そのあとは、子育ての現状の改善に役立ちたいという思いから子育て支援NPO活動に参加するようになったというのも、このような社会改善に向かう学習成果の評価の一例になるだろう。生涯学習の目的が、何かを学びたいといった個人的な関心から出発しても、その関心が地域や、社会の問題につながるというように、個人の関心から社会的関心へと広がっていくことが、生涯学習の場合には生じやすい。たとえば、わが子の子育てに関心をもち、玉川大学の通信教育学部で発達心理学の講義を受講する中で、児童・生徒を育てる学校教育の制度上の問題に気づき、学校教育の改革をどう進めたらよいかという社会改善への関心へと発展していくことがありうるのである。

3　評価から学習成果の社会的活用へ

　2では学習社会における評価のあり方を検討したが、1における格差の是

正と評価とを結びつけるとすると、どのようなことが論点になるだろか。少なくとも教育評価よりは学習評価が、また社会の改善に役立つ評価が学歴の機能不全を補うものとして、あらためて注目されるだろう。

(1) 学習成果の社会的活用

2008年2月の中央教育審議会答申「新しい時代を切り拓く生涯学習の振興方策について」では、生涯学習の成果の社会的活用を謳っている。ここでは、「多様な学習機会の提供及び再チャレンジが可能な環境の整備」を通して、「学び直しや新たな学びへの挑戦、学習成果を生かすことが可能な環境を整備」することが提唱されている。これまでは、公民館でボランティア養成講座に参加しても、学歴偏重の社会では履歴書に記載しても評価されなかったが、社会教育や生涯学習での学習の積み重ねを、一定程度評価し、地域活動やボランティア活動、個人の職業キャリアなどに生かすという認識が広まりつつあるのである。

登録生涯学習制度は、生涯学習の成果の社会的活用の一例で、学習機会の提供者の質を担保する制度であり、試験により、あるいは講座と試験の組み合わせによって基準を満たした提供者を登録する制度である。

修了証・認定証は、出席日数とレポート、あるいは出席日数という用件を満たすと発行されるものである。この証明書は、生涯学習を修了したという学習者の心理的充足感を満たすと同時に、公的機関による社会的承認と質的保証がなされ、ボランティアの人材登録などの人材確保にも貢献することになる。

(2) 資格の取得

これに対し資格とは「一定の能力を修得したことを認定する称号」[7]を意味するもので、学習成果の社会的活用と並んで、学歴偏重に対する是正方策として注目されるようになっている。

資格を分類すると、認定主体には、国家資格と民間資格、その中間型の公的資格が存在し、また内容としては、学業資格と職業資格が存在する。

山川肖美は、タテ型移動を保障する固定的な学歴主義とは異なり、「生涯

学習社会において『資格』は、ヨコ型異動を希望する人にとって有意味な方法論」であり、企業は、「中途採用の初任格付けや昇進・昇格に際しての主要な基準のひとつに資格は位置づけている」[8]と、資格取得の生涯学習という傾向に一定の評価を示している。

まとめ：教育の格差の解消をめざして

　学歴偏重を克服する学習社会の実現をめざして、補償としての学校教育、新しい評価のあり方、さらには学習成果の社会的活用や資格の意味について論じてみた。学習社会をめざしたさまざまな学習や評価のあり方が論じられ、またすでに実現していることが分かるだろう。

　とはいうものの、他方で、生涯学習政策が、学歴是正を主張する一方で、特に1990年代から、高等教育機関への社会人の門戸開放をひとつの柱として進めているという問題がある。少子高齢化の中で、社会人や職業人に門戸を開放し、そのための制度化が、社会人受け入れシステムの発展、専門職大学院などの高等教育機関の開放が進められている。

　高学歴化に向かう学習社会は、18歳を頂点とする受験体制から人々を解放し、生涯にわたって時間をかけて学ぶこと、自己選択の幅を広げる形で高等教育への進学の道を開いているのは事実である。しかし、専門職大学院が従来の研究者養成の大学院とは異なり、実務家の養成機関として位置づけられるとしても、このままでは大学卒の学歴から大学院修了の学歴が求められるようになり、学習社会は高学歴化社会へと向かうようになってしまうのではないだろうか。

　学習成果の社会的活用については、学習者が自由に求める学習ニーズをそのまま尊重する学習と、学習を評価されることとの整合性が認められるのかについて考える必要がある。山川は評価のあり方の議論を進めないかぎり、「多様で個別的背景を持つ生涯学習の成果を、『正当に』評価する方法があるのであろうかという懸念は拭いきれない」[9]のではないかと、疑いを表明している。

　学習社会を実現させていくためには、最初から一気に、学歴社会の制度改革へと進むよりも、自分たちがかかわる学習活動や学習支援を続けることで、

〈第5部〉学習社会の課題と展望

辛抱強く、より大きな教育の格差の是正に取り組むことも必要になるだろう。

確認問題

（1）夜間中学校が果たしている役割は何か。
（2）学習社会における評価にはどのような種類があるか。
（3）学習成果の社会的活用とは何か。

〈註〉
1) 苅谷剛彦・山口二郎『格差社会と教育改革』岩波書店、2008年。
2) 同前。
3) 岩永雅也『生涯学習論』放送大学教育振興会、2002年、p.147。
4) 同前、p.35。
5) 浅羽通明『大学で何を学ぶか』幻冬舎、1999年。
6) M. S. ノールズ『成人教育の現代的実践』堀薫夫・三輪建二監訳、鳳書房、2002年。
7) 今野浩一郎・下田健人『資格の経済学』中央公論社、1995年。
8) 山川肖美「資格化社会の生涯学習」小池源吾・手打明敏編『生涯学習社会の構図』福村出版、2009年、p.182。
9) 同前、p.174。

〈より深く学習するための参考文献や資料〉
・M. S. ノールズ『成人教育の現代的実践』堀薫夫・三輪建二監訳、鳳書房、2002年（自己決定的な評価について、図13-1にあるように、教育的ニーズ［学習ニーズ］という用語を用いて詳しく説明しており、参考資料には学習ニーズの自己診断表も掲載されている）。

コラム10：評価に代わる言葉を創り出してみよう！

　評価という言葉からは私たちは、テキストに書かれてあるような、自分の学びのプロセスや成果を自分で測るという「自己評価」の意味合いや、学んだ人々同士がお互いの学びをふり返り、確認し合う「相互評価」というニュアンスはなかなか出てこない。

　そればかりか、今や「評価」は大学の授業や事業をはじめ、生涯学習の事業に至るまで浸透するようになっている。評価という用語は今や、生徒や学生にとってだけではなく、大学教員にとっても、生涯学習の事業を担当する職員にとっても、芳しくない言葉として響くようになっている。生涯学習においては、生涯学習施設や機関の多くは、講座の参加者人数や受講者が記した「満足度」といった数値でもって評価され、そのデータに基づいて、次年度の事業が決められるようになっていたり、またそのような数値により、第三者が施設や機関を査定するようになっている（第三者評価）。

　膨大な資料を渉猟し、紙幅ばかりを使い、甚大なる人的エネルギーを注ぎ込みながら作成される教育事業の評価が、結果として、学習者や教育者、事業者のモチベーションをかえって（しかも大幅に）下げてしまうことに貢献してしまうような評価になるとしたら、それは本当に良いことなのだろうか。あるいは、数値で確認できることだけが学習の成果だとする考え方が浸透すると、生きる力につながる学びや学びあうコミュニティ創りにかかわることは価値がなく、評価しえないものとして隅に追いやられることになるのだろうか（それは、好ましくないかもしれない！）。

　社会教育だからこそ提案できる評価のあり方が求められている。お互いに意見交換しながら、また学習や教育をいっそう活性化するような評価のあり方……。とりあえず、評価に代わる言葉を社会教育から提案すると、どのような言葉になるだろうか。〈ふり返り〉……うーん！

第14章　生涯学習の公共性と行政・高等教育機関の役割

> 学習社会は個人の自己実現をめざすだけではなく、学びあいのコミュニティを創造し、発展させていくことがめざされている。それは、新しい公共を創り出していくことでもある。1では、学びあうコミュニティを創り出すことについて、2では、公共性の実現に向けた行政の役割について、ネットワーク型行政に注目しながら検討する。3では、新しい公共をめざす高等教育機関の役割とは何かについて、検討する。

キーワード　新しい公共、生きる力、ネットワーク型行政、高等教育機関、実践と省察のサイクル

　21世紀に入っての生涯学習や学習社会は、おとな一人ひとりの自己実現をめざす学習活動を出発点としているが、それをふまえながらもさらに、社会全体の教育力の向上のための学習をめざすようになっている。以前よりも経済的に豊かな社会が実現されつつあるとはいえ、貧困、教育格差、非正規雇用、少子高齢化社会、多文化・多言語社会といったさまざまな課題が生まれている。さらに最近では東日本大震災の復興といった大きな課題も生まれている。そして、それらの問題や課題に積極的に向き合う学習を進めることが必要になっている。

1　学習社会における新しい公共

　学習社会の目的が、一人ひとりの生きがいをめざす学習を出発点としながらも、学びあうコミュニティの創造をめざすものへと軸が動きつつある。ここでは、いくつかの政府会議や生涯学習に関する答申をふまえながら考えてみることにしよう。

（1）「新しい公共」円卓会議

　21世紀に入り、「新しい公共」概念が行政、政治や経済の領域で主張されるようになった。これまでの公共サービスは、行政が提供し、市民は供給される立場であったのに対して、新しい公共は、市民も公共サービスの提供者となることから、行政は市民に場を提供し、信頼し、権限を移譲することが求められる。

　民主党政権下の2010年に、「新しい公共」円卓会議が発足した。この会議は、第173回国会における首相の所信表明演説に基づき、「新しい公共」という考え方やその展望を市民、企業、行政などに広く浸透させるとともに、これからの日本のめざすべき方向性やそれを実現させる政策のあり方などについて議論を行う場とされている。またこの円卓会議を受けて2011年より、官のほか市民、NPO、企業などが積極的に公共的な財・サービスの提供主体となり、身近な分野で活動するような担い手について検討を行う場として、「新しい公共」推進会議が開催されている。

　行政だけではなく、市民やNPO――さらに企業を含め――が新しい公共の担い手になっていく方向が示されていることが理解できる。

　新しい公共の提唱を読者はどのように思われるだろうか。変化の激しい社会の中で、いろいろな課題を考え、解決する力をつけるために学習を続ける必要があると考えるだろうか。それとも、上の世代が、学ばなければならないと若い世代にはっぱをかけていると受け取るだろうか。

（2）社会教育の再評価

　新しい公共の提唱を学習社会や生涯学習に引きつけて考える場合には、いくつかの論点が考えられる。

　第一は、地域において、公共サービスへの依存状態から脱却し、市民が公共の「担い手」になることが求められているという視点である。鷲田清一は、地域における「自治能力」の復権を通して、成熟した大人社会の構築に向かうべきだとする問題提起を行っている[1]。

　　　働くこと、調理をすること、修繕をすること、そのための道具を磨い

ておくこと、育てること、教えること、話しあい取り決めること、看病すること、介護すること、看取ること、これら生きていくうえで一つたりとも欠かせぬことの大半を、ひとびとはいま社会の公共的サーヴィス（ママ）に委託している。社会システムからサーヴィスを買う、あるいは受け取るのである。これは福祉の充実と世間ではいわれるが、裏を返していえば、各人がこうした自治能力を一つ一つ失ってゆく過程でもある。ひとが幼稚でいられるのも、そうしたシステムに身をあずけているからだ（中略）。サーヴィス社会はたしかに心地よい。けれども、先にあげた生きるうえで欠かせない能力の一つ一つをもういちど内に回復していてゆかなければ、脆弱なシステムとともに自身が崩れてしまう（中略）。『地域の力』といったこのところよく耳にする表現も、見えないシステムに生活を委託するのではなく、目に見える相互のサーヴィス（他者に心をくばる、世話をする、面倒をみる）をいつでも交換できるよう配備しておくのが、起こりうる危機を回避するためにはいちばん大事なことだと告げているのだろう。

　公共的サービスやセイフティ・ネットの発達した地域社会は、住みやすい社会といえるだろう。とはいえ、基本的な生活そのものまで行政などに頼り、それに安住したままでいれば、結果として、私たち自身が依存的な脆弱な人間になってしまう。私たちは他者や公共サービスへの依存から離れ、ささやかながら自治能力を取り戻す必要があるのである。
　第二の視点は、このような自治能力やまちづくりの主体形成を担当する「社会教育」に対する再評価である。社会教育というアイディア（第1部を参照）というとき、社会教育行政という、行政の担当領域をさすというよりは、地域社会のさまざまな課題を、地域の人々が主体になり、協働で学びあい、協働で解決していくという社会教育のことである。
　山本健慈は、保育園や社会教育活動、大学経営に関わった経験をふまえながら、以下のように社会教育を定義しているのが参考になる[2]。

　　人は生活のなかで、いまの自分の力では解けない疑問、解決できない

不安、苦悩（課題）を抱えこむ。疑問、不安、苦悩を孤立して抱え込むとき、精神的身体的症状にすら追い込まれていく。（中略）しかし一人が直面する課題は、同じ時代、同じ社会に生きる他者によって共有される。共有された課題（「実際生活に即する課題」）を共同の努力で解いていこうとする意思が生まれるとき、そのひとつの道として共同学習がはじまる。社会教育とは、この共同学習を援助するシステムであり、社会教育労働とは、現代の市民が、孤立して抱え込んでいるようにみえる疑問や不安、苦悩の共有から共同の学習課題を見つけだし、共同学習に取り組みはじめる過程を援助する営みである。

第三の視点は、まちづくりを主体的に担う人々が身につける能力は、知の習得・獲得と身につけた知を現実に適用する能力というよりは、現実の中から問題を探っていく能力、そしてそれらを試行錯誤しながら解決する能力の育成に向けられるという視点である。2008年2月19日に出された中央教育審議会答申「新しい時代を切り拓く生涯学習の振興方策について」（第2章を参照）では、変化の激しい社会を生き抜くために必要な力について言及している。答申では、「社会を構成し運営するとともに、自立した一人の人間として力強く生きていくための総合的な力」を「人間力」と定義し、次のようにまとめている[3]。

　　自立した一人の人間として力強く生きていくための総合的な力を身に付けるために、生涯にわたって学習を継続できるようにすることが求められている（中略）。いわゆる狭義の知識・技能のみならず、他者との関係を築く力等の豊かな人間性を含む総合的な力は、学校教育の期間と場のみならず、ライフステージに応じて多様な場所や方法で学習し、職業生活やその他の社会における活動においてその成果を発揮することを経て身に付くものでもあり、成人の学習についても、このような国民の継続的な学習ニーズに応えられる環境整備、すなわち学び機会の充実とその成果を生かせる環境づくりが必要である。

この総合的な人間力の中には、他者との関係を築く力、たとえばコミュニケーション能力、問題解決能力、情報活用能力などが含まれている。
　1980年代の中央教育審議会答申「生涯教育について」で強調された個人の自己実現としての生涯学習を尊重しつつも、21世紀には、人々が新しい公共の担い手として、協働で課題を発見し、探究し、解決することが重視されるようになっているのである。

2　新しい公共性実現のための行政の役割

　21世紀における新しい公共をめざす学習社会に向けて、行政はどのような役割と課題を果たす必要があるのだろうか。生涯学習政策は、地域の中でさまざまに展開されている個人の生涯学習を出発点としつつも、公民館や生涯学習センターで進められているボランティア活動や学習活動を尊重し、それらを相互に結びつけていくことが求められつつある。
　教育行政の役割は、これまでのように生涯学習の学級・講座を提供することよりは、学習情報の提供や学習相談を充実させる方向に、さらには学級・講座を提供する場合であっても、ボランティア養成講座やファシリテーター養成講座を設け、地域で生涯学習活動を支援する人々を養成するようになっている。
　ただし、以上の方向性のままでは、市民がサービスの受け手のままでいる側面が残される。行政の役割はこの段階からさらに進み、行政、市民、NPO・ボランティア団体の協働を支援し、ネットワーク化が進むように支援するコーディネート役割をもつものへと転換する必要がある。

（1）ネットワーク型行政
　地域にある多様な生涯学習資源、団体が相互に連携し、ネットワークをはかる、ネットワーク型行政へとシフトすることが求められている。
　2008年の中央教育審議会答申「新しい時代を切り拓く生涯学習の振興方策について」では、「地域における教育力向上を図る上で、行政がその調整役となり、関係者が連携をし、多様な地域の課題等に応じた機能を持つネッ

トワークを構築することにより、個別の課題に関係する地域の人々が目標を共有化した上で連携・協力し、課題解決等を図っていくことは有効」[4])であると指摘する。

 ネットワーク型行政という場合、何と何をネットワークすることになるのだろうか。ネットワークの範囲についてまとめてみることにしよう。

①教育委員会内部でのネットワーク

 教育委員会内部でのネットワークには、従来の社会教育内部でのネットワーク化があり、社会教育施設（公民館、図書館、博物館、青少年教育センター、女性教育施設、スポーツ施設など）の連携が求められる。

 近年は、学校、家庭、地域の連携を軸とする、学校（初等中等教育機関）と社会教育とのネットワーク化が注目される。

 さらには、学習内容の高度化に対応し、また地域の学習ニーズと大学での研究・教育資源の結びつきを促進するために、高等教育機関とのネットワーク化が求められる。大学の他、後述する民間企業やNPOの事業を含めて、多様な組織・機関のネットワーク化をもとに、地域をキャンパスとする「生涯学習大学」も設立されている。こんにちではさらに、市町村を横断する生涯学習のネットワーク化の構築も進んでいる。

②教育行政以外の行政機関・事業との連携

 教育行政に関わる他行政とのネットワーク化も必要になる。学習ニーズの多様化への対応、内容の重複の調整のための、社会福祉関連の機関・事業、保健関連の機関・事業、産業関連の機関・事業、観光関連の機関・事業、自治関連の機関・事業、防犯関連の機関・事業、男女共同参画関連の機関・事業、青少年関連の機関・事業などである。

③民間企業、民間非営利団体（NPO）との連携

 公共の機関や事業のほか、カルチャーセンター、語学スクール、資格・免許関連施設などの民間営利機関や事業とのネットワーク化のほか、民間非営利団体（NPO）との連携も進められている。直接的な連携というよりは、

学習プログラムについての情報提供という形での連携が多いといえる。

④指定管理者制度

民間企業およびNPOとの関連では、指定管理者制度についても理解が必要になる。

これまでの「公の施設」の管理運営主体は、地方自治体などの公共的団体等に限られていた。指定管理者制度は、2003年9月2日、改正地方自治法が施行され、地方自治体の「公の施設」の管理に関する制度が改正されたことによって創設された。この法改正により、民間企業やNPO法人、ボランティア団体等にも管理運営を委ねることが、言い換えれば、「公の施設」の管理運営に民間の能力を導入することが可能となったのである。指定管理者制度では、行政機関は指定管理者と3年か5年の契約を結び、管理運営を委託することになっている。

社会教育施設については、2006年9月までに、他の公共施設と同様直営か、指定管理者制度に移行するかを選択することになった。公共博物館を例にとると、2006年段階で都道府県立の博物館で指定管理者制度を導入したのは128中27館、市町村立では69館であった。

指定管理者制度により、民間のノウハウを活かした管理運営が展開されるようになっている。たとえば、指定管理者が管理運営する公共博物館や公共図書館では、開館時間の延長、開館日の増加などのサービス面の向上が見られているが、教育事業などにどこまで民間の発想が必要なのかという慎重論があるのも事実である。

(2) 行政と市民との協働

協働は、collaboration という英語を日本語にしたもので、「協力して働くこと」(広辞苑)と定義される。ここでは、行政と市民、行政とNPO、行政と民間企業などが協働するという意味で用いることにしたい。入江直子は、住民(市民)が行政と協働することの意味を、以下のように指摘する。
「行政課題の策定、行政計画の立案や遂行に住民として関わることであり、今までのような、計画の策定に参画し意見を言う審議会委員という関わり方

ではないことになる。行政計画の遂行という実際の事業に関わり、そこから見えてくる行政課題を指摘していくことまで想定することができる」
つまり、「行政の手伝いをするとか、行政の下働きをするということではなく、行政と対等な立場で住民として活動するということ」5)が大事であるというのである。

3 新しい公共実現のための高等教育機関の役割

次に、高等教育機関のほうに目を転じることにしよう。学習社会の実現に向けて、大学や短期大学、専門学校などの高等教育機関が果たす役割および課題はどのように考えたらよいのだろうか。

大学や大学院が社会人を受け入れるようになり、生涯学習を支える教育機関として変化を見せている。さらにそれだけではなく、生涯学習の流れが個人の自己実現から組織や社会につながる学びになり、学びあうコミュニティを培う学びになりつつあるとき、社会全体の教育力の向上に貢献する高等教育改革も展望されるようになっている。

(1) 社会人への門戸開放から始める

大学、短期大学、専門学校を含む高等教育機関は、青少年の完成教育あるいは職業準備教育の機関として、18歳人口を対象とする若者のための「教育」機関としての歴史を担ってきた。大学は、知的財産を蓄積する「研究」機関としての役割も担い、その役割はこんにちにおいても重要性を失っていない。これに対して生涯学習事業は、高等教育機関がもつ教育機能、研究機能につぐ、第三の機能として位置づけられる。

高等教育機関の生涯学習としては、まず、18歳人口の減少の中で、社会人が大学に入学・進学できるようなシステム創りが進んでいる。ここでいう社会人とは、就業している者（給料、賃金、報酬、その他の経常的な収入を目的とする仕事に就いている者）を意味するが、企業等を退職した者や主婦なども含めて社会人とすることが多いといえる。

社会人の正規課程進学には、「編入学制度」「社会人特別選抜入試」「昼夜

開講制」「長期履修制」などがある。これに対して、学問の実務志向への対応と大学院という点では、「専門職大学院」「1年制大学院」「独立大学院」などがある。

　非正規課程の社会人プログラムとしては、「公開講座」が代表的である。

　公開講座では、社会人の受け入れのほか、産業界・地域社会と高等教育機関との連携として進められつつある点も注目されるだろう。

（2）学問知の提供から実践の省察を支える役割へ

　高等教育機関が新しい公共を培う学習社会に貢献するというときには、ここで述べたような社会人学習者の受け入れを充実していくことで終わるわけにはいかない。高等教育機関が、学びあうコミュニティの創造に関わることは、高等教育機関が自らの知そのものを変容させ、またフロント・エンド・モデルの完成教育機関から、実践の省察を支える生涯学習の機関へと変貌する必要があることを意味するからである。言い換えれば、大学がこれまでもっていた、知の拠点としての役割を根本的に変換することが求められるのである。

　この点について従来の大学の知を厳しく批判してきたドナルド・ショーンの考え方が参考になる（第3部第9章を参照）。

　ショーンは、知の序列によって、社会人の実務や実践は、知識や科学の理論・技術を道具的に実践に適用しようとする「技術的合理性」のモデルにからめとられていると批判する。もっとも高いレベルの基礎科学を適用し当てはめ、問題解決を行う対象となるのが実践になっている。こうした序列は、研究は大学が、実践は専門職か半専門職が担当するといったように、研究と実践、研究者と実践者・実務家とが分離してしまうことにつながっていく。民間や自治体と大学との連携という場合、大学や大学院が実務志向になることを意味するが、それはさらに、こうした大学における知のヒエラルキーそのものを根本的に転換させる動きへとつながる必要があるのである。

　実践知を身につけている社会人が、高等教育機関であらためて学ぶときには、社会人特別選抜入試などのように、時間的・空間的な距離を克服するといったハード面での整備以上のことが、高等教育機関には求められているこ

とが分かる。

　これまでの大学での社会人教育は、専門的知識を養成機関において習得し、仕事場ではそれを伝達するという、フロント・エンド・モデルに基づく完成教育のモデルを土台にしていた。これに対して、高等教育機関の今日的な役割は、学びを終えるという意味でのフロント・エンド・モデルによる完成教育ではなく、学校を終えて社会で活躍しているさまざまな現職者が身につけている実践知、あるいは実践や実務の活動サイクルを支え、実践と省察のサイクルを組み込んだ生涯にわたる力量形成を支援する教育機関としての位置づけを増していかなければならないのである。高等教育機関が、社会人や〈学びあうコミュニティ〉のコーディネーターの、長期間にわたる実践研究を支援することの内容としては、次のものが含まれている。

・実践の活動サイクルを大事にしつつ、「実践の場（職場など）」での協働の実践とその省察をする。
・多様な分野の実践を交流し共有する「実践交流の場」を組織する。
・上記の研修と協働研究を支える中心的な機関として高等教育機関が、実践の省察を支えるプログラムを用意する。

　学びあうコミュニティの学習に関わるコーディネーターがもつ実践知を大事にし、それを学問知に結びつけるためには、「職場や仲間とともに自分の実践を省察し、実践に関わり、また省察するというサイクルを通して力量を形成していく。そして、一定期間継続された実践を長期に省察する中で、実践をより大きな社会的文脈の中でとらえ返し、意味を確認していくことができるが、こうした省察を、高等教育機関での実践研究が支えることが必要となっている」[6]。

　筆者は、長期のスパンに立つ力量形成のあり方について、職場でのカンファレンス、職場外でのラウンドテーブル、そして大学や大学院などでの実践研究といった三重の学習構造という問題提起を行っている[7]。

①職場などでの実践報告（カンファレンス）

②所属するコミュニティ外の大学・大学院などでの実践報告（ラウンドテーブル）
③大学・大学院での集中方式の理論学習

　こうした学びの構造をもつ講座例として、2011年度から開始された、お茶の水女子大学での社会教育主事講習を挙げてみよう（114ページのコラム6を参照）。
　この社会教育主事講習では、40日間の短期集中ではなく、年間にわたる、隔週・月曜夜間・土日型の主事講習プログラムを提供することで、社会教育主事の基礎資格を取得することを希望するものの、これまでの、約1か月間の短期集中での社会教育主事講習に参加しにくかった人々が参加できるようになっている。今回は社会教育関係職員のほか、一般行政職員、指定管理者職員、市民委員（社会教育委員、主任児童委員）、教員、財団・NPOなどから37名の参加者が集まっている。女性が26名、男性が11名と7割が女性になっている点も注目される。
　以上の参加者を見ると、この社会教育主事講習では〈学びあうコミュニティ〉のコーディネーターである参加者が受講しており、主事講習が、〈学びあうコミュニティ〉のコーディネーターの力量形成の場になっていることが理解できる。まさにこの点は、生涯にわたる力量を形成する高等教育機関の重要な役割であるといえるのではないだろうか。また、これまでの約40日間の短期集中の主事講習ではなかなか参加できなかった、あるいは教育委員会が社会教育職員の人事としてはあまり対象としてこなかった人々の参加があることも示している。
　短期集中型ではなく、年間のカリキュラムの構造に目を向けると、ここでは、〈6、7名のグループにおいて自らの実践を報告し、話し合い、ふり返る〉→〈ラウンドテーブルに参加してグループ以外の参加者に実践を物語り、協働で探究する〉→〈自らの実践を省察する意味を確認するために実践記録を読み合う〉→〈グループやラウンドテーブルでの省察をもとに、あらためて職場で実践を行う〉→〈講義などでの理論学習を受けて、実践の省察をさらに深める〉→〈実践記録を書く〉といった、実践と省察のサイクルが位置づけられ

ている。現職者の仕事のリズムに合わせたカリキュラムとなっている点で、社会教育について、社会教育的に学ぶ主事講習であるといえるのである。

まとめ

　成人学習論や社会教育のアイディアをふまえた、より具体的な政策提言を伴う生涯学習社会の実現は、こうしてみると、まだこれからであるといえるかもしれない。その実現は、ここに示したような、新たなグランド・デザインを描きだすことだけでは達成されない。

　私たちが、またおとなの学習者一人ひとりが、また、学びあうコミュニティとそれを学習面で支えるコーディネーターが、長期的、共同的で持続的な学びあいを展開する必要がある。さらには、実践と省察のサイクルの中で学習をくり返し、自己評価と相互評価をくり返していくことによって初めて、またそれぞれの地域の特性を活かしたものとして、学習社会が実現できるということができるのではないだろうか。学習社会の実現は、私たち読者一人ひとりが自ら実践していく課題なのである。

確認問題

（1）2008年中央教育審議会答申「新しい時代を切り拓く生涯学習の振興方策について」で述べられている「人間力」とは何か。
（2）ネットワーク型行政とは何か。
（3）大学や大学院が学習社会に対して果たす役割は何か。

〈註〉
1) 鷲田清一・内田樹『大人のいない国』プレジデント社、2008年、pp.4-5。
2) 山本健慈「地域の実践を通して社会教育を見つめなおす」『月刊社会教育』2007年7月号、pp.6-7。
3) 中央教育審議会答申『新しい時代を切り拓く生涯学習の振興方策について』2008年、p.7。
4) 同前、p.15。
5) 日本女性学習財団『学習支援ハンドブック』2006年、p.30。
6) 日本社会教育学会編『学びあうコミュニティを培う――社会教育が提案する新しい専門職像』

東洋館出版、2009年。
7）三輪建二『おとなの学びを育む――生涯学習と学びあうコミュニティの創造』鳳書房、2009年。

〈より深く学習するための参考文献や資料〉
・松下拡『健康学習とその展開：保健婦活動における住民の学習への援助』勁草書房、1990年（地域で人々が学ぶ課題を発見し、学び続けることの意味と具体例について、じっくり考える参考資料になるだろう）。
・工藤庸子・岩永雅也『大人のための「学問のススメ」』講談社、2007年（放送大学教授の対談により、大学におけるおとなの学びの課題が示される）。

コラム11：臨機応変の力（ブリコラージュ）を身につけよう！

　便利な生活に慣れてしまっている私たちは、台風や地震をはじめとする自然災害に直面すると、これまでの生活で通用していた知、あるいはものの考え方を組み変えなければならない体験をすることになる。たとえば阪神・淡路大震災や東日本大震災を直接、間接に体験した人々は、心の奥深いところで、これまでの人生観や価値観が問われるようになったと思ったのではないだろうか。大震災がもたらしたものを、教育や学習という点に引き付けて考えると、環境が激変し、あるいはすぐに何からの対応が求められるというとき、今までに教わったことや身につけた知を用いて、現実にあてはめればそれで十分と考えても、ほとんど何もできないことになるのではないだろうか。
　臨機応変に、とっさにその場にある何かを代用して、緊急事態を乗りきるといったことを進めていく能力をもつ人のほうが、あるいは計画を立てて物事を片付けようとするのではなく、とりあえずその場にいる人がそれぞれ身につけた能力を出し合いながら、片づけをしていくといった対応をするほうがうまくいくこともあるのではないだろうか。
　学んだことをもとに、きちんとした計画を立ててから、身につけた知を活用するということとは異なった知の働き方が求められているのである。フランスの哲学者レヴィ・ストロースは、ブリコラージュという表現を用いて、このような知の働きを描いている。ブリコラージュとは、「ありあわせの道具材料を用いて自分の手でものを創る」（『野生の思考』みすず書房、1976年）ことである。
　生涯学習において、生きる力、人間的な力などといわれつつあることは、ここでいうブリコラージュなのかもしれないが、読者はどのようなブリコラージュを身につけているのか、あるいは身につける必要があるといえるだろうか。

資　料

教育基本法　182
社会教育法　186
博物館法　197
図書館法　203

教育基本法（平成十八年十二月二十二日法律第百二十号）

教育基本法（昭和二十二年法律第二十五号）の全部を改正する。我々日本国民は、たゆまぬ努力によって築いてきた民主的で文化的な国家を更に発展させるとともに、世界の平和と人類の福祉の向上に貢献することを願うものである。我々は、この理想を実現するため、個人の尊厳を重んじ、真理と正義を希求し、公共の精神を尊び、豊かな人間性と創造性を備えた人間の育成を期するとともに、伝統を継承し、新しい文化の創造を目指す教育を推進する。ここに、我々は、日本国憲法の精神にのっとり、我が国の未来を切り拓く教育の基本を確立し、その振興を図るため、この法律を制定する。

第一章　教育の目的及び理念

（教育の目的）
第一条　教育は、人格の完成を目指し、平和で民主的な国家及び社会の形成者として必要な資質を備えた心身ともに健康な国民の育成を期して行われなければならない。

（教育の目標）
第二条　教育は、その目的を実現するため、学問の自由を尊重しつつ、次に掲げる目標を達成するよう行われるものとする。
　一　幅広い知識と教養を身に付け、真理を求める態度を養い、豊かな情操と道徳心を培うとともに、健やかな身体を養うこと。
　二　個人の価値を尊重して、その能力を伸ばし、創造性を培い、自主及び自律の精神を養うとともに、職業及び生活との関連を重視し、勤労を重んずる態度を養うこと。
　三　正義と責任、男女の平等、自他の敬愛と協力を重んずるとともに、公共の精神に基づき、主体的に社会の形成に参画し、その発展に寄与する態度を養うこと。
　四　生命を尊び、自然を大切にし、環境の保全に寄与する態度を養うこと。
　五　伝統と文化を尊重し、それらをはぐくんできた我が国と郷土を愛するとともに、他国を尊重し、国際社会の平和と発展に寄与する態度を養うこと。

（生涯学習の理念）
第三条　国民一人一人が、自己の人格を磨き、豊かな人生を送ることができるよう、その生涯にわたって、あらゆる機会に、あらゆる場所において学習することができ、その成果を適切に生かすことのできる社会の実現が図られなければならない。

（教育の機会均等）
第四条　すべて国民は、ひとしく、その能力に応じた教育を受ける機会を与えられなければならず、人種、信条、性別、社会的身分、経済的地位又は門地によって、教育上差別されない。

2　国及び地方公共団体は、障害のある者が、その障害の状態に応じ、十分な教育を受けられるよう、教育上必要な支援を講じなければならない。
3　国及び地方公共団体は、能力があるにもかかわらず、経済的理由によって修学が困難な者に対して、奨学の措置を講じなければならない。

第二章　教育の実施に関する基本

（義務教育）
第五条　国民は、その保護する子に、別に法律で定めるところにより、普通教育を受けさせる義務を負う。
2　義務教育として行われる普通教育は、各個人の有する能力を伸ばしつつ社会において自立的に生きる基礎を培い、また、国家及び社会の形成者として必要とされる基本的な資質を養うことを目的として行われるものとする。
3　国及び地方公共団体は、義務教育の機会を保障し、その水準を確保するため、適切な役割分担及び相互の協力の下、その実施に責任を負う。
4　国又は地方公共団体の設置する学校における義務教育については、授業料を徴収しない。

（学校教育）
第六条　法律に定める学校は、公の性質を有するものであって、国、地方公共団体及び法律に定める法人のみが、これを設置することができる。
2　前項の学校においては、教育の目標が達成されるよう、教育を受ける者の心身の発達に応じて、体系的な教育が組織的に行われなければならない。この場合において、教育を受ける者が、学校生活を営む上で必要な規律を重んずるとともに、自ら進んで学習に取り組む意欲を高めることを重視して行われなければならない。

（大学）
第七条　大学は、学術の中心として、高い教養と専門的能力を培うとともに、深く真理を探究して新たな知見を創造し、これらの成果を広く社会に提供することにより、社会の発展に寄与するものとする。
2　大学については、自主性、自律性その他の大学における教育及び研究の特性が尊重されなければならない。

（私立学校）
第八条　私立学校の有する公の性質及び学校教育において果たす重要な役割にかんがみ、国及び地方公共団体は、その自主性を尊重しつつ、助成その他の適当な方法によって私立学校教育の振興に努めなければならない。

（教員）

第九条　法律に定める学校の教員は、自己の崇高な使命を深く自覚し、絶えず研究と修養に励み、その職責の遂行に努めなければならない。
2　前項の教員については、その使命と職責の重要性にかんがみ、その身分は尊重され、待遇の適正が期せられるとともに、養成と研修の充実が図られなければならない。

（家庭教育）
第十条　父母その他の保護者は、子の教育について第一義的責任を有するものであって、生活のために必要な習慣を身に付けさせるとともに、自立心を育成し、心身の調和のとれた発達を図るよう努めるものとする。
2　国及び地方公共団体は、家庭教育の自主性を尊重しつつ、保護者に対する学習の機会及び情報の提供その他の家庭教育を支援するために必要な施策を講ずるよう努めなければならない。

（幼児期の教育）
第十一条　幼児期の教育は、生涯にわたる人格形成の基礎を培う重要なものであることにかんがみ、国及び地方公共団体は、幼児の健やかな成長に資する良好な環境の整備その他適当な方法によって、その振興に努めなければならない。

（社会教育）
第十二条　個人の要望や社会の要請にこたえ、社会において行われる教育は、国及び地方公共団体によって奨励されなければならない。
2　国及び地方公共団体は、図書館、博物館、公民館その他の社会教育施設の設置、学校の施設の利用、学習の機会及び情報の提供その他の適当な方法によって社会教育の振興に努めなければならない。

（学校、家庭及び地域住民等の相互の連携協力）
第十三条　学校、家庭及び地域住民その他の関係者は、教育におけるそれぞれの役割と責任を自覚するとともに、相互の連携及び協力に努めるものとする。

（政治教育）
第十四条　良識ある公民として必要な政治的教養は、教育上尊重されなければならない。
2　法律に定める学校は、特定の政党を支持し、又はこれに反対するための政治教育その他政治的活動をしてはならない。

（宗教教育）
第十五条　宗教に関する寛容の態度、宗教に関する一般的な教養及び宗教の社会生活における地位は、教育上尊重されなければならない。
2　国及び地方公共団体が設置する学校は、特定の宗教のための宗教教育その他宗教的活動をしてはならない。

第三章　教育行政

（教育行政）
第十六条　教育は、不当な支配に服することなく、この法律及び他の法律の定めるところにより行われるべきものであり、教育行政は、国と地方公共団体との適切な役割分担及び相互の協力の下、公正かつ適正に行われなければならない。
2　国は、全国的な教育の機会均等と教育水準の維持向上を図るため、教育に関する施策を総合的に策定し、実施しなければならない。
3　地方公共団体は、その地域における教育の振興を図るため、その実情に応じた教育に関する施策を策定し、実施しなければならない。
4　国及び地方公共団体は、教育が円滑かつ継続的に実施されるよう、必要な財政上の措置を講じなければならない。

（教育振興基本計画）
第十七条　政府は、教育の振興に関する施策の総合的かつ計画的な推進を図るため、教育の振興に関する施策についての基本的な方針及び講ずべき施策その他必要な事項について、基本的な計画を定め、これを国会に報告するとともに、公表しなければならない。
2　地方公共団体は、前項の計画を参酌し、その地域の実情に応じ、当該地方公共団体における教育の振興のための施策に関する基本的な計画を定めるよう努めなければならない。

第四章　法令の制定

第十八条　この法律に規定する諸条項を実施するため、必要な法令が制定されなければならない。

附則抄

（施行期日）
1　この法律は、公布の日から施行する。

社会教育法（昭和二十四年六月十日法律第二百七号）

最終改正：平成二三年八月三〇日法律第一〇五号

（最終改正までの未施行法令）
平成二十三年八月三十日法律第百五号（未施行）

第一章　総則

（この法律の目的）
第一条　この法律は、教育基本法（平成十八年法律第百二十号）の精神に則り、社会教育に関する国及び地方公共団体の任務を明らかにすることを目的とする。

（社会教育の定義）
第二条　この法律で「社会教育」とは、学校教育法（昭和二十二年法律第二十六号）に基き、学校の教育課程として行われる教育活動を除き、主として青少年及び成人に対して行われる組織的な教育活動（体育及びレクリエーションの活動を含む。）をいう。

（国及び地方公共団体の任務）
第三条　国及び地方公共団体は、この法律及び他の法令の定めるところにより、社会教育の奨励に必要な施設の設置及び運営、集会の開催、資料の作製、頒布その他の方法により、すべての国民があらゆる機会、あらゆる場所を利用して、自ら実際生活に即する文化的教養を高め得るような環境を醸成するように努めなければならない。
2　国及び地方公共団体は、前項の任務を行うに当たつては、国民の学習に対する多様な需要を踏まえ、これに適切に対応するために必要な学習の機会の提供及びその奨励を行うことにより、生涯学習の振興に寄与することとなるよう努めるものとする。
3　国及び地方公共団体は、第一項の任務を行うに当たつては、社会教育が学校教育及び家庭教育との密接な関連性を有することにかんがみ、学校教育との連携の確保に努め、及び家庭教育の向上に資することとなるよう必要な配慮をするとともに、学校、家庭及び地域住民その他の関係者相互間の連携及び協力の促進に資することとなるよう努めるものとする。

（国の地方公共団体に対する援助）
第四条　前条第一項の任務を達成するために、国は、この法律及び他の法令の定めるところにより、地方公共団体に対し、予算の範囲内において、財政的援助並びに物資の提供及びそのあつせんを行う。

（市町村の教育委員会の事務）

第五条　市（特別区を含む。以下同じ。）町村の教育委員会は、社会教育に関し、当該地方の必要に応じ、予算の範囲内において、次の事務を行う。
　一　社会教育に必要な援助を行うこと。
　二　社会教育委員の委嘱に関すること。
　三　公民館の設置及び管理に関すること。
　四　所管に属する図書館、博物館、青年の家その他の社会教育施設の設置及び管理に関すること。
　五　所管に属する学校の行う社会教育のための講座の開設及びその奨励に関すること。
　六　講座の開設及び討論会、講習会、講演会、展示会その他の集会の開催並びにこれらの奨励に関すること。
　七　家庭教育に関する学習の機会を提供するための講座の開設及び集会の開催並びに家庭教育に関する情報の提供並びにこれらの奨励に関すること。
　八　職業教育及び産業に関する科学技術指導のための集会の開催並びにその奨励に関すること。
　九　生活の科学化の指導のための集会の開催及びその奨励に関すること。
　十　情報化の進展に対応して情報の収集及び利用を円滑かつ適正に行うために必要な知識又は技能に関する学習の機会を提供するための講座の開設及び集会の開催並びにこれらの奨励に関すること。
　十一　運動会、競技会その他体育指導のための集会の開催及びその奨励に関すること。
　十二　音楽、演劇、美術その他芸術の発表会等の開催及びその奨励に関すること。
　十三　主として学齢児童及び学齢生徒（それぞれ学校教育法第十八条に規定する学齢児童及び学齢生徒をいう。）に対し、学校の授業の終了後又は休業日において学校、社会教育施設その他適切な施設を利用して行う学習その他の活動の機会を提供する事業の実施並びにその奨励に関すること。
　十四　青少年に対しボランティア活動など社会奉仕体験活動、自然体験活動その他の体験活動の機会を提供する事業の実施及びその奨励に関すること。
　十五　社会教育における学習の機会を利用して行つた学習の成果を活用して学校、社会教育施設その他地域において行う教育活動その他の活動の機会を提供する事業の実施及びその奨励に関すること。
　十六　社会教育に関する情報の収集、整理及び提供に関すること。
　十七　視聴覚教育、体育及びレクリエーションに必要な設備、器材及び資料の提供に関すること。
　十八　情報の交換及び調査研究に関すること。
　十九　その他第三条第一項の任務を達成するために必要な事務

（都道府県の教育委員会の事務）
第六条　都道府県の教育委員会は、社会教育に関し、当該地方の必要に応じ、予算の範囲内において、前条各号の事務（第三号の事務を除く。）を行うほか、次の事務を行う。
　一　公民館及び図書館の設置及び管理に関し、必要な指導及び調査を行うこと。

二　社会教育を行う者の研修に必要な施設の設置及び運営、講習会の開催、資料の配布等に関すること。
三　社会教育施設の設置及び運営に必要な物資の提供及びそのあつせんに関すること。
四　市町村の教育委員会との連絡に関すること。
五　その他法令によりその職務権限に属する事項

（教育委員会と地方公共団体の長との関係）
第七条　地方公共団体の長は、その所掌事項に関する必要な広報宣伝で視聴覚教育の手段を利用しその他教育の施設及び手段によることを適当とするものにつき、教育委員会に対し、その実施を依頼し、又は実施の協力を求めることができる。
2　前項の規定は、他の行政庁がその所掌に関する必要な広報宣伝につき、教育委員会に対し、その実施を依頼し、又は実施の協力を求める場合に準用する。
第八条　教育委員会は、社会教育に関する事務を行うために必要があるときは、当該地方公共団体の長及び関係行政庁に対し、必要な資料の提供その他の協力を求めることができる。

（図書館及び博物館）
第九条　図書館及び博物館は、社会教育のための機関とする。
2　図書館及び博物館に関し必要な事項は、別に法律をもつて定める。

第二章　社会教育主事及び社会教育主事補

（社会教育主事及び社会教育主事補の設置）
第九条の二　都道府県及び市町村の教育委員会の事務局に、社会教育主事を置く。
2　都道府県及び市町村の教育委員会の事務局に、社会教育主事補を置くことができる。

（社会教育主事及び社会教育主事補の職務）
第九条の三　社会教育主事は、社会教育を行う者に専門的技術的な助言と指導を与える。ただし、命令及び監督をしてはならない。
2　社会教育主事は、学校が社会教育関係団体、地域住民その他の関係者の協力を得て教育活動を行う場合には、その求めに応じて、必要な助言を行うことができる。
3　社会教育主事補は、社会教育主事の職務を助ける。

（社会教育主事の資格）
第九条の四　次の各号のいずれかに該当する者は、社会教育主事となる資格を有する。
一　大学に二年以上在学して六十二単位以上を修得し、又は高等専門学校を卒業し、かつ、次に掲げる期間を通算した期間が三年以上になる者で、次条の規定による社会教育主事の講習を修了したもの
　イ　社会教育主事補の職にあつた期間

ロ　官公署、学校、社会教育施設又は社会教育関係団体における職で司書、学芸員その他の社会教育主事補の職と同等以上の職として文部科学大臣の指定するものにあつた期間

ハ　官公署、学校、社会教育施設又は社会教育関係団体が実施する社会教育に関係のある事業における業務であつて、社会教育主事として必要な知識又は技能の習得に資するものとして文部科学大臣が指定するものに従事した期間（イ又はロに掲げる期間に該当する期間を除く。）

二　教育職員の普通免許状を有し、かつ、五年以上文部科学大臣の指定する教育に関する職にあつた者で、次条の規定による社会教育主事の講習を修了したもの

三　大学に二年以上在学して、六十二単位以上を修得し、かつ、大学において文部科学省令で定める社会教育に関する科目の単位を修得した者で、第一号イからハまでに掲げる期間を通算した期間が一年以上になるもの

四　次条の規定による社会教育主事の講習を修了した者（第一号及び第二号に掲げる者を除く。）で、社会教育に関する専門的事項について前三号に掲げる者に相当する教養と経験があると都道府県の教育委員会が認定したもの

（社会教育主事の講習）
第九条の五　社会教育主事の講習は、文部科学大臣の委嘱を受けた大学その他の教育機関が行う。
2　受講資格その他社会教育主事の講習に関し必要な事項は、文部科学省令で定める。

（社会教育主事及び社会教育主事補の研修）
第九条の六　社会教育主事及び社会教育主事補の研修は、任命権者が行うもののほか、文部科学大臣及び都道府県が行う。

第三章　社会教育関係団体

（社会教育関係団体の定義）
第十条　この法律で「社会教育関係団体」とは、法人であると否とを問わず、公の支配に属しない団体で社会教育に関する事業を行うことを主たる目的とするものをいう。

（文部科学大臣及び教育委員会との関係）
第十一条　文部科学大臣及び教育委員会は、社会教育関係団体の求めに応じ、これに対し、専門的技術的指導又は助言を与えることができる。
2　文部科学大臣及び教育委員会は、社会教育関係団体の求めに応じ、これに対し、社会教育に関する事業に必要な物資の確保につき援助を行う。

（国及び地方公共団体との関係）
第十二条　国及び地方公共団体は、社会教育関係団体に対し、いかなる方法によつても、不当に統制的支配を及ぼし、又はその事業に干渉を加えてはならない。

（審議会等への諮問）
第十三条　国又は地方公共団体が社会教育関係団体に対し補助金を交付しようとする場合には、あらかじめ、国にあつては文部科学大臣が審議会等（国家行政組織法（昭和二十三年法律第百二十号）第八条に規定する機関をいう。第五十一条第三項において同じ。）で政令で定めるものの、地方公共団体にあつては教育委員会が社会教育委員の会議（社会教育委員が置かれていない場合には、条例で定めるところにより社会教育に係る補助金の交付に関する事項を調査審議する審議会その他の合議制の機関）の意見を聴いて行わなければならない。

（報告）
第十四条　文部科学大臣及び教育委員会は、社会教育関係団体に対し、指導資料の作製及び調査研究のために必要な報告を求めることができる。

第四章　社会教育委員

（社会教育委員の構成）
第十五条　都道府県及び市町村に社会教育委員を置くことができる。
2　社会教育委員は、学校教育及び社会教育の関係者、家庭教育の向上に資する活動を行う者並びに学識経験のある者の中から、教育委員会が委嘱する。

（削除）
第十六条　削除

（社会教育委員の職務）
第十七条　社会教育委員は、社会教育に関し教育長を経て教育委員会に助言するため、左の職務を行う。
　一　社会教育に関する諸計画を立案すること。
　二　定時又は臨時に会議を開き、教育委員会の諮問に応じ、これに対して、意見を述べること。
　三　前二号の職務を行うために必要な研究調査を行うこと。
2　社会教育委員は、教育委員会の会議に出席して社会教育に関し意見を述べることができる。
3　市町村の社会教育委員は、当該市町村の教育委員会から委嘱を受けた青少年教育に関する特定の事項について、社会教育関係団体、社会教育指導者その他関係者に対し、助言と指導を与えることができる。

（社会教育委員の定数等）
第十八条　社会教育委員の定数、任期その他必要な事項は、当該地方公共団体の条例で定める。

第十九条　削除

第五章　公民館

（目的）
第二十条　公民館は、市町村その他一定区域内の住民のために、実際生活に即する教育、学術及び文化に関する各種の事業を行い、もつて住民の教養の向上、健康の増進、情操の純化を図り、生活文化の振興、社会福祉の増進に寄与することを目的とする。

（公民館の設置者）
第二十一条　公民館は、市町村が設置する。
2　前項の場合を除くほか、公民館は、公民館の設置を目的とする一般社団法人又は一般財団法人（以下この章において「法人」という。）でなければ設置することができない。
3　公民館の事業の運営上必要があるときは、公民館に分館を設けることができる。

（公民館の事業）
第二十二条　公民館は、第二十条の目的達成のために、おおむね、左の事業を行う。但し、この法律及び他の法令によつて禁じられたものは、この限りでない。
　一　定期講座を開設すること。
　二　討論会、講習会、講演会、実習会、展示会等を開催すること。
　三　図書、記録、模型、資料等を備え、その利用を図ること。
　四　体育、レクリエーション等に関する集会を開催すること。
　五　各種の団体、機関等の連絡を図ること。
　六　その施設を住民の集会その他の公共的利用に供すること。

（公民館の運営方針）
第二十三条　公民館は、次の行為を行つてはならない。
　一　もつぱら営利を目的として事業を行い、特定の営利事務に公民館の名称を利用させその他営利事業を援助すること。
　二　特定の政党の利害に関する事業を行い、又は公私の選挙に関し、特定の候補者を支持すること。
2　市町村の設置する公民館は、特定の宗教を支持し、又は特定の教派、宗派若しくは教団を支援してはならない。

（公民館の基準）
第二十三条の二　文部科学大臣は、公民館の健全な発達を図るために、公民館の設置及び運営上必要な基準を定めるものとする。
2　文部科学大臣及び都道府県の教育委員会は、市町村の設置する公民館が前項の基準に従つて設置され及び運営されるように、当該市町村に対し、指導、助言その他の援助に

努めるものとする。

（公民館の設置）
第二十四条　市町村が公民館を設置しようとするときは、条例で、公民館の設置及び管理に関する事項を定めなければならない。
第二十五条及び第二十六条　削除

（公民館の職員）
第二十七条　公民館に館長を置き、主事その他必要な職員を置くことができる。
2　館長は、公民館の行う各種の事業の企画実施その他必要な事務を行い、所属職員を監督する。
3　主事は、館長の命を受け、公民館の事業の実施にあたる。
第二十八条　市町村の設置する公民館の館長、主事その他必要な職員は、教育長の推薦により、当該市町村の教育委員会が任命する。

（公民館の職員の研修）
第二十八条の二　第九条の六の規定は、公民館の職員の研修について準用する。

（公民館運営審議会）
第二十九条　公民館に公民館運営審議会を置くことができる。
2　公民館運営審議会は、館長の諮問に応じ、公民館における各種の事業の企画実施につき調査審議するものとする。
第三十条　市町村の設置する公民館にあつては、公民館運営審議会の委員は、学校教育及び社会教育の関係者、家庭教育の向上に資する活動を行う者並びに学識経験のある者の中から、市町村の教育委員会が委嘱する。
2　前項の公民館運営審議会の委員の定数、任期その他必要な事項は、市町村の条例で定める。
第三十一条　法人の設置する公民館に公民館運営審議会を置く場合にあつては、その委員は、当該法人の役員をもつて充てるものとする。

（運営の状況に関する評価等）
第三十二条　公民館は、当該公民館の運営の状況について評価を行うとともに、その結果に基づき公民館の運営の改善を図るため必要な措置を講ずるよう努めなければならない。

（運営の状況に関する情報の提供）
第三十二条の二　公民館は、当該公民館の事業に関する地域住民その他の関係者の理解を深めるとともに、これらの者との連携及び協力の推進に資するため、当該公民館の運営の状況に関する情報を積極的に提供するよう努めなければならない。

（基金）
第三十三条　公民館を設置する市町村にあつては、公民館の維持運営のために、地方自治法（昭和二十二年法律第六十七号）第二百四十一条の基金を設けることができる。

（特別会計）
第三十四条　公民館を設置する市町村にあつては、公民館の維持運営のために、特別会計を設けることができる。

（公民館の補助）
第三十五条　国は、公民館を設置する市町村に対し、予算の範囲内において、公民館の施設、設備に要する経費その他必要な経費の一部を補助することができる。
2　前項の補助金の交付に関し必要な事項は、政令で定める。
第三十六条　削除
第三十七条　都道府県が地方自治法第二百三十二条の二の規定により、公民館の運営に要する経費を補助する場合において、文部科学大臣は、政令の定めるところにより、その補助金の額、補助の比率、補助の方法その他必要な事項につき報告を求めることができる。
第三十八条　国庫の補助を受けた市町村は、左に掲げる場合においては、その受けた補助金を国庫に返還しなければならない。
　一　公民館がこの法律若しくはこの法律に基く命令又はこれらに基いてした処分に違反したとき。
　二　公民館がその事業の全部若しくは一部を廃止し、又は第二十条に掲げる目的以外の用途に利用されるようになつたとき。
　三　補助金交付の条件に違反したとき。
　四　虚偽の方法で補助金の交付を受けたとき。

（法人の設置する公民館の指導）
第三十九条　文部科学大臣及び都道府県の教育委員会は、法人の設置する公民館の運営その他に関し、その求めに応じて、必要な指導及び助言を与えることができる。

（公民館の事業又は行為の停止）
第四十条　公民館が第二十三条の規定に違反する行為を行つたときは、市町村の設置する公民館にあつては市町村の教育委員会、法人の設置する公民館にあつては都道府県の教育委員会は、その事業又は行為の停止を命ずることができる。
2　前項の規定による法人の設置する公民館の事業又は行為の停止命令に関し必要な事項は、都道府県の条例で定めることができる。

（罰則）
第四十一条　前条第一項の規定による公民館の事業又は行為の停止命令に違反する行為を

した者は、一年以下の懲役若しくは禁錮又は三万円以下の罰金に処する。

（公民館類似施設）
第四十二条　公民館に類似する施設は、何人もこれを設置することができる。
2　前項の施設の運営その他に関しては、第三十九条の規定を準用する。

第六章　学校施設の利用

（適用範囲）
第四十三条　社会教育のためにする国立学校（学校教育法第二条第二項に規定する国立学校をいう。以下同じ。）又は公立学校（同項に規定する公立学校をいう。以下同じ。）の施設の利用に関しては、この章の定めるところによる。

（学校施設の利用）
第四十四条　学校（国立学校又は公立学校をいう。以下この章において同じ。）の管理機関は、学校教育上支障がないと認める限り、その管理する学校の施設を社会教育のために利用に供するように努めなければならない。
2　前項において「学校の管理機関」とは、国立学校にあつては設置者である国立大学法人（国立大学法人法（平成十五年法律第百十二号）第二条第一項に規定する国立大学法人をいう。）の学長又は独立行政法人国立高等専門学校機構の理事長、公立学校のうち、大学にあつては設置者である地方公共団体の長又は公立大学法人（地方独立行政法人法（平成十五年法律第百十八号）第六十八条第一項に規定する公立大学法人をいう。以下この項及び第四十八条第一項において同じ。）の理事長、高等専門学校にあつては設置者である地方公共団体に設置されている教育委員会又は公立大学法人の理事長、大学及び高等専門学校以外の学校にあつては設置者である地方公共団体に設置されている教育委員会をいう。

（学校施設利用の許可）
第四十五条　社会教育のために学校の施設を利用しようとする者は、当該学校の管理機関の許可を受けなければならない。
2　前項の規定により、学校の管理機関が学校施設の利用を許可しようとするときは、あらかじめ、学校の長の意見を聞かなければならない。
第四十六条　国又は地方公共団体が社会教育のために、学校の施設を利用しようとするときは、前条の規定にかかわらず、当該学校の管理機関と協議するものとする。
第四十七条　第四十五条の規定による学校施設の利用が一時的である場合には、学校の管理機関は、同条第一項の許可に関する権限を学校の長に委任することができる。
2　前項の権限の委任その他学校施設の利用に関し必要な事項は、学校の管理機関が定める。

（社会教育の講座）
第四十八条　文部科学大臣は国立学校に対し、地方公共団体の長は当該地方公共団体が設置する大学又は当該地方公共団体が設立する公立大学法人が設置する大学若しくは高等専門学校に対し、地方公共団体に設置されている教育委員会は当該地方公共団体が設置する大学以外の公立学校に対し、その教育組織及び学校の施設の状況に応じ、文化講座、専門講座、夏期講座、社会学級講座等学校施設の利用による社会教育のための講座の開設を求めることができる。
2　文化講座は、成人の一般的教養に関し、専門講座は、成人の専門的学術知識に関し、夏期講座は、夏期休暇中、成人の一般的教養又は専門的学術知識に関し、それぞれ大学、高等専門学校又は高等学校において開設する。
3　社会学級講座は、成人の一般的教養に関し、小学校又は中学校において開設する。
4　第一項の規定する講座を担当する講師の報酬その他必要な経費は、予算の範囲内において、国又は地方公共団体が負担する。

第七章　通信教育

（適用範囲）
第四十九条　学校教育法第五十四条、第七十条第一項、第八十二条及び第八十四条の規定により行うものを除き、通信による教育に関しては、この章の定めるところによる。

（通信教育の定義）
第五十条　この法律において「通信教育」とは、通信の方法により一定の教育計画の下に、教材、補助教材等を受講者に送付し、これに基き、設問解答、添削指導、質疑応答等を行う教育をいう。
2　通信教育を行う者は、その計画実現のために、必要な指導者を置かなければならない。

（通信教育の認定）
第五十一条　文部科学大臣は、学校又は一般社団法人若しくは一般財団法人の行う通信教育で社会教育上奨励すべきものについて、通信教育の認定（以下「認定」という。）を与えることができる。
2　認定を受けようとする者は、文部科学大臣の定めるところにより、文部科学大臣に申請しなければならない。
3　文部科学大臣が、第一項の規定により、認定を与えようとするときは、あらかじめ、第十三条の政令で定める審議会等に諮問しなければならない。

（認定手数料）
第五十二条　文部科学大臣は、認定を申請する者から実費の範囲内において文部科学省令で定める額の手数料を徴収することができる。ただし、国立学校又は公立学校が行う通信教育に関しては、この限りでない。

第五十三条　削除

（郵便料金の特別取扱）
第五十四条　認定を受けた通信教育に要する郵便料金については、郵便法（昭和二十二年法律第百六十五号）の定めるところにより、特別の取扱を受けるものとする。

（通信教育の廃止）
第五十五条　認定を受けた通信教育を廃止しようとするとき、又はその条件を変更しようとするときは、文部科学大臣の定めるところにより、その許可を受けなければならない。
2　前項の許可に関しては、第五十一条第三項の規定を準用する。

（報告及び措置）
第五十六条　文部科学大臣は、認定を受けた者に対し、必要な報告を求め、又は必要な措置を命ずることができる。

（認定の取消）
第五十七条　認定を受けた者がこの法律若しくはこの法律に基く命令又はこれらに基いてした処分に違反したときは、文部科学大臣は、認定を取り消すことができる。
2　前項の認定の取消に関しては、第五十一条第三項の規定を準用する。

附則抄

1　この法律は、公布の日から施行する。
5　この法律施行前通信教育認定規程（昭和二十二年文部省令第二十二号）により認定を受けた通信教育は、第五十一条第一項の規定により、認定を受けたものとみなす。

博物館法（昭和二十六年十二月一日法律第二百八十五号）

最終改正：平成二三年八月三〇日法律第一〇五号

（最終改正までの未施行法令）
平成二十三年八月三十日法律第百五号（未施行）

第一章　総則

（この法律の目的）
第一条　この法律は、社会教育法（昭和二十四年法律第二百七号）の精神に基き、博物館の設置及び運営に関して必要な事項を定め、その健全な発達を図り、もつて国民の教育、学術及び文化の発展に寄与することを目的とする。

（定義）
第二条　この法律において「博物館」とは、歴史、芸術、民俗、産業、自然科学等に関する資料を収集し、保管（育成を含む。以下同じ。）し、展示して教育的配慮の下に一般公衆の利用に供し、その教養、調査研究、レクリエーション等に資するために必要な事業を行い、あわせてこれらの資料に関する調査研究をすることを目的とする機関（社会教育法 による公民館及び図書館法（昭和二十五年法律第百十八号）による図書館を除く。）のうち、地方公共団体、一般社団法人若しくは一般財団法人、宗教法人又は政令で定めるその他の法人（独立行政法人（独立行政法人通則法（平成十一年法律第百三号）第二条第一項 に規定する独立行政法人をいう。第二十九条において同じ。）を除く。）が設置するもので次章の規定による登録を受けたものをいう。

2　この法律において、「公立博物館」とは、地方公共団体の設置する博物館をいい、「私立博物館」とは、一般社団法人若しくは一般財団法人、宗教法人又は前項の政令で定める法人の設置する博物館をいう。

3　この法律において「博物館資料」とは、博物館が収集し、保管し、又は展示する資料（電磁的記録（電子的方式、磁気的方式その他人の知覚によつては認識することができない方式で作られた記録をいう。）を含む。）をいう。

（博物館の事業）
第三条　博物館は、前条第一項に規定する目的を達成するため、おおむね次に掲げる事業を行う。
　一　実物、標本、模写、模型、文献、図表、写真、フィルム、レコード等の博物館資料を豊富に収集し、保管し、及び展示すること。
　二　分館を設置し、又は博物館資料を当該博物館外で展示すること。
　三　一般公衆に対して、博物館資料の利用に関し必要な説明、助言、指導等を行い、又

は研究室、実験室、工作室、図書室等を設置してこれを利用させること。
四　博物館資料に関する専門的、技術的な調査研究を行うこと。
五　博物館資料の保管及び展示等に関する技術的研究を行うこと。
六　博物館資料に関する案内書、解説書、目録、図録、年報、調査研究の報告書等を作成し、及び頒布すること。
七　博物館資料に関する講演会、講習会、映写会、研究会等を主催し、及びその開催を援助すること。
八　当該博物館の所在地又はその周辺にある文化財保護法（昭和二十五年法律第二百十四号）の適用を受ける文化財について、解説書又は目録を作成する等一般公衆の当該文化財の利用の便を図ること。
九　社会教育における学習の機会を利用して行つた学習の成果を活用して行う教育活動その他の活動の機会を提供し、及びその提供を奨励すること。
十　他の博物館、博物館と同一の目的を有する国の施設等と緊密に連絡し、協力し、刊行物及び情報の交換、博物館資料の相互貸借等を行うこと。
十一　学校、図書館、研究所、公民館等の教育、学術又は文化に関する諸施設と協力し、その活動を援助すること。
2　博物館は、その事業を行うに当つては、土地の事情を考慮し、国民の実生活の向上に資し、更に学校教育を援助し得るようにも留意しなければならない。

（館長、学芸員その他の職員）
第四条　博物館に、館長を置く。
2　館長は、館務を掌理し、所属職員を監督して、博物館の任務の達成に努める。
3　博物館に、専門的職員として学芸員を置く。
4　学芸員は、博物館資料の収集、保管、展示及び調査研究その他これと関連する事業についての専門的事項をつかさどる。
5　博物館に、館長及び学芸員のほか、学芸員補その他の職員を置くことができる。
6　学芸員補は、学芸員の職務を助ける。

（学芸員の資格）
第五条　次の各号のいずれかに該当する者は、学芸員となる資格を有する。
一　学士の学位を有する者で、大学において文部科学省令で定める博物館に関する科目の単位を修得したもの
二　大学に二年以上在学し、前号の博物館に関する科目の単位を含めて六十二単位以上を修得した者で、三年以上学芸員補の職にあつたもの
三　文部科学大臣が、文部科学省令で定めるところにより、前二号に掲げる者と同等以上の学力及び経験を有する者と認めた者
2　前項第二号の学芸員補の職には、官公署、学校又は社会教育施設（博物館の事業に類する事業を行う施設を含む。）における職で、社会教育主事、司書その他の学芸員補の職と同等以上の職として文部科学大臣が指定するものを含むものとする。

(学芸員補の資格)
第六条　学校教育法(昭和二十二年法律第二十六号)第九十条第一項の規定により大学に入学することのできる者は、学芸員補となる資格を有する。

(学芸員及び学芸員補の研修)
第七条　文部科学大臣及び都道府県の教育委員会は、学芸員及び学芸員補に対し、その資質の向上のために必要な研修を行うよう努めるものとする。

(設置及び運営上望ましい基準)
第八条　文部科学大臣は、博物館の健全な発達を図るために、博物館の設置及び運営上望ましい基準を定め、これを公表するものとする。

(運営の状況に関する評価等)
第九条　博物館は、当該博物館の運営の状況について評価を行うとともに、その結果に基づき博物館の運営の改善を図るため必要な措置を講ずるよう努めなければならない。

(運営の状況に関する情報の提供)
第九条の二　博物館は、当該博物館の事業に関する地域住民その他の関係者の理解を深めるとともに、これらの者との連携及び協力の推進に資するため、当該博物館の運営の状況に関する情報を積極的に提供するよう努めなければならない。

第二章　登録

(登録)
第十条　博物館を設置しようとする者は、当該博物館について、当該博物館の所在する都道府県の教育委員会に備える博物館登録原簿に登録を受けるものとする。

(登録の申請)
第十一条　前条の規定による登録を受けようとする者は、設置しようとする博物館について、左に掲げる事項を記載した登録申請書を都道府県の教育委員会に提出しなければならない。
　一　設置者の名称及び私立博物館にあつては設置者の住所
　二　名称
　三　所在地
2　前項の登録申請書には、次に掲げる書類を添付しなければならない。
　一　公立博物館にあつては、設置条例の写し、館則の写し、直接博物館の用に供する建物及び土地の面積を記載した書面及びその図面、当該年度における事業計画書及び予算の歳出の見積りに関する書類、博物館資料の目録並びに館長及び学芸員の氏名を記載した書面

二　私立博物館にあつては、当該法人の定款の写し又は当該宗教法人の規則の写し、館則の写し、直接博物館の用に供する建物及び土地の面積を記載した書面及びその図面、当該年度における事業計画書及び収支の見積りに関する書類、博物館資料の目録並びに館長及び学芸員の氏名を記載した書面

（登録要件の審査）
第十二条　都道府県の教育委員会は、前条の規定による登録の申請があつた場合においては、当該申請に係る博物館が左に掲げる要件を備えているかどうかを審査し、備えていると認めたときは、同条第一項各号に掲げる事項及び登録の年月日を博物館登録原簿に登録するとともに登録した旨を当該登録申請者に通知し、備えていないと認めたときは、登録しない旨をその理由を附記した書面で当該登録申請者に通知しなければならない。
一　第二条第一項に規定する目的を達成するために必要な博物館資料があること。
二　第二条第一項に規定する目的を達成するために必要な学芸員その他の職員を有すること。
三　第二条第一項に規定する目的を達成するために必要な建物及び土地があること。
四　一年を通じて百五十日以上開館すること。

（登録事項等の変更）
第十三条　博物館の設置者は、第十一条第一項各号に掲げる事項について変更があつたとき、又は同条第二項に規定する添付書類の記載事項について重要な変更があつたときは、その旨を都道府県の教育委員会に届け出なければならない。
2　都道府県の教育委員会は、第十一条第一項各号に掲げる事項に変更があつたことを知つたときは、当該博物館に係る登録事項の変更登録をしなければならない。

（登録の取消）
第十四条　都道府県の教育委員会は、博物館が第十二条各号に掲げる要件を欠くに至つたものと認めたとき、又は虚偽の申請に基いて登録した事実を発見したときは、当該博物館に係る登録を取り消さなければならない。但し、博物館が天災その他やむを得ない事由により要件を欠くに至つた場合においては、その要件を欠くに至つた日から二年間はこの限りでない。
2　都道府県の教育委員会は、前項の規定により登録の取消しをしたときは、当該博物館の設置者に対し、速やかにその旨を通知しなければならない。

（博物館の廃止）
第十五条　博物館の設置者は、博物館を廃止したときは、すみやかにその旨を都道府県の教育委員会に届け出なければならない。
2　都道府県の教育委員会は、博物館の設置者が当該博物館を廃止したときは、当該博物館に係る登録をまつ消しなければならない。

(規則への委任)
第十六条　この章に定めるものを除くほか、博物館の登録に関し必要な事項は、都道府県の教育委員会の規則で定める。
第十七条　削除

第三章　公立博物館

(設置)
第十八条　公立博物館の設置に関する事項は、当該博物館を設置する地方公共団体の条例で定めなければならない。

(所管)
第十九条　公立博物館は、当該博物館を設置する地方公共団体の教育委員会の所管に属する。

(博物館協議会)
第二十条　公立博物館に、博物館協議会を置くことができる。
2　博物館協議会は、博物館の運営に関し館長の諮問に応ずるとともに、館長に対して意見を述べる機関とする。
第二十一条　博物館協議会の委員は、学校教育及び社会教育の関係者、家庭教育の向上に資する活動を行う者並びに学識経験のある者の中から、当該博物館を設置する地方公共団体の教育委員会が任命する。
第二十二条　博物館協議会の設置、その委員の定数及び任期その他博物館協議会に関し必要な事項は、当該博物館を設置する地方公共団体の条例で定めなければならない。

(入館料等)
第二十三条　公立博物館は、入館料その他博物館資料の利用に対する対価を徴収してはならない。但し、博物館の維持運営のためにやむを得ない事情のある場合は、必要な対価を徴収することができる。

(博物館の補助)
第二十四条　国は、博物館を設置する地方公共団体に対し、予算の範囲内において、博物館の施設、設備に要する経費その他必要な経費の一部を補助することができる。
2　前項の補助金の交付に関し必要な事項は、政令で定める。
第二十五条　削除

(補助金の交付中止及び補助金の返還)
第二十六条　国は、博物館を設置する地方公共団体に対し第二十四条の規定による補助金の交付をした場合において、左の各号の一に該当するときは、当該年度におけるその後

の補助金の交付をやめるとともに、第一号の場合の取消が虚偽の申請に基いて登録した事実の発見に因るものである場合には、既に交付した補助金を、第三号及び第四号に該当する場合には、既に交付した当該年度の補助金を返還させなければならない。
一　当該博物館について、第十四条の規定による登録の取消があつたとき。
二　地方公共団体が当該博物館を廃止したとき。
三　地方公共団体が補助金の交付の条件に違反したとき。
四　地方公共団体が虚偽の方法で補助金の交付を受けたとき。

第四章　私立博物館

（都道府県の教育委員会との関係）
第二十七条　都道府県の教育委員会は、博物館に関する指導資料の作成及び調査研究のために、私立博物館に対し必要な報告を求めることができる。
2　都道府県の教育委員会は、私立博物館に対し、その求めに応じて、私立博物館の設置及び運営に関して、専門的、技術的の指導又は助言を与えることができる。

（国及び地方公共団体との関係）
第二十八条　国及び地方公共団体は、私立博物館に対し、その求めに応じて、必要な物資の確保につき援助を与えることができる。

第五章　雑則

（博物館に相当する施設）
第二十九条　博物館の事業に類する事業を行う施設で、国又は独立行政法人が設置する施設にあつては文部科学大臣が、その他の施設にあつては当該施設の所在する都道府県の教育委員会が、文部科学省令で定めるところにより、博物館に相当する施設として指定したものについては、第二十七条第二項の規定を準用する。

附則

（施行期日）
1　この法律は、公布の日から起算して三箇月を経過した日から施行する。

図書館法 （昭和二十五年四月三十日法律第百十八号）

最終改正：平成二三年八月三〇日法律第一〇五号

（最終改正までの未施行法令）
平成二十三年八月三十日法律第百五号（未施行）

第一章　総則

（この法律の目的）
第一条　この法律は、社会教育法（昭和二十四年法律第二百七号）の精神に基き、図書館の設置及び運営に関して必要な事項を定め、その健全な発達を図り、もつて国民の教育と文化の発展に寄与することを目的とする。

（定義）
第二条　この法律において「図書館」とは、図書、記録その他必要な資料を収集し、整理し、保存して、一般公衆の利用に供し、その教養、調査研究、レクリエーション等に資することを目的とする施設で、地方公共団体、日本赤十字社又は一般社団法人若しくは一般財団法人が設置するもの（学校に附属する図書館又は図書室を除く。）をいう。
2　前項の図書館のうち、地方公共団体の設置する図書館を公立図書館といい、日本赤十字社又は一般社団法人若しくは一般財団法人の設置する図書館を私立図書館という。

（図書館奉仕）
第三条　図書館は、図書館奉仕のため、土地の事情及び一般公衆の希望に沿い、更に学校教育を援助し、及び家庭教育の向上に資することとなるように留意し、おおむね次に掲げる事項の実施に努めなければならない。
　一　郷土資料、地方行政資料、美術品、レコード及びフィルムの収集にも十分留意して、図書、記録、視聴覚教育の資料その他必要な資料（電磁的記録（電子的方式、磁気的方式その他人の知覚によつては認識することができない方式で作られた記録をいう。）を含む。以下「図書館資料」という。）を収集し、一般公衆の利用に供すること。
　二　図書館資料の分類排列を適切にし、及びその目録を整備すること。
　三　図書館の職員が図書館資料について十分な知識を持ち、その利用のための相談に応ずるようにすること。
　四　他の図書館、国立国会図書館、地方公共団体の議会に附置する図書室及び学校に附属する図書館又は図書室と緊密に連絡し、協力し、図書館資料の相互貸借を行うこと。
　五　分館、閲覧所、配本所等を設置し、及び自動車文庫、貸出文庫の巡回を行うこと。
　六　読書会、研究会、鑑賞会、映写会、資料展示会等を主催し、及びこれらの開催を奨励すること。
　七　時事に関する情報及び参考資料を紹介し、及び提供すること。

八　社会教育における学習の機会を利用して行つた学習の成果を活用して行う教育活動その他の活動の機会を提供し、及びその提供を奨励すること。
九　学校、博物館、公民館、研究所等と緊密に連絡し、協力すること。

（司書及び司書補）
第四条　図書館に置かれる専門的職員を司書及び司書補と称する。
2　司書は、図書館の専門的事務に従事する。
3　司書補は、司書の職務を助ける。

（司書及び司書補の資格）
第五条　次の各号のいずれかに該当する者は、司書となる資格を有する。
一　大学を卒業した者で大学において文部科学省令で定める図書館に関する科目を履修したもの
二　大学又は高等専門学校を卒業した者で次条の規定による司書の講習を修了したもの
三　次に掲げる職にあつた期間が通算して三年以上になる者で次条の規定による司書の講習を修了したもの
　　イ　司書補の職
　　ロ　国立国会図書館又は大学若しくは高等専門学校の附属図書館における職で司書補の職に相当するもの
　　ハ　ロに掲げるもののほか、官公署、学校又は社会教育施設における職で社会教育主事、学芸員その他の司書補の職と同等以上の職として文部科学大臣が指定するもの
2　次の各号のいずれかに該当する者は、司書補となる資格を有する。
一　司書の資格を有する者
二　学校教育法（昭和二十二年法律第二十六号）第九十条第一項の規定により大学に入学することのできる者で次条の規定による司書補の講習を修了したもの

（司書及び司書補の講習）
第六条　司書及び司書補の講習は、大学が、文部科学大臣の委嘱を受けて行う。
2　司書及び司書補の講習に関し、履修すべき科目、単位その他必要な事項は、文部科学省令で定める。ただし、その履修すべき単位数は、十五単位を下ることができない。

（司書及び司書補の研修）
第七条　文部科学大臣及び都道府県の教育委員会は、司書及び司書補に対し、その資質の向上のために必要な研修を行うよう努めるものとする。

（設置及び運営上望ましい基準）
第七条の二　文部科学大臣は、図書館の健全な発達を図るために、図書館の設置及び運営上望ましい基準を定め、これを公表するものとする。

(運営の状況に関する評価等)
第七条の三　図書館は、当該図書館の運営の状況について評価を行うとともに、その結果に基づき図書館の運営の改善を図るため必要な措置を講ずるよう努めなければならない。

(運営の状況に関する情報の提供)
第七条の四　図書館は、当該図書館の図書館奉仕に関する地域住民その他の関係者の理解を深めるとともに、これらの者との連携及び協力の推進に資するため、当該図書館の運営の状況に関する情報を積極的に提供するよう努めなければならない。

(協力の依頼)
第八条　都道府県の教育委員会は、当該都道府県内の図書館奉仕を促進するために、市(特別区を含む。以下同じ。)町村の教育委員会に対し、総合目録の作製、貸出文庫の巡回、図書館資料の相互貸借等に関して協力を求めることができる。

(公の出版物の収集)
第九条　政府は、都道府県の設置する図書館に対し、官報その他一般公衆に対する広報の用に供せられる独立行政法人国立印刷局の刊行物を二部提供するものとする。
2　国及び地方公共団体の機関は、公立図書館の求めに応じ、これに対して、それぞれの発行する刊行物その他の資料を無償で提供することができる。

第二章　公立図書館

(設置)
第十条　公立図書館の設置に関する事項は、当該図書館を設置する地方公共団体の条例で定めなければならない。
第十一条　削除
第十二条　削除

(職員)
第十三条　公立図書館に館長並びに当該図書館を設置する地方公共団体の教育委員会が必要と認める専門的職員、事務職員及び技術職員を置く。
2　館長は、館務を掌理し、所属職員を監督して、図書館奉仕の機能の達成に努めなければならない。

(図書館協議会)
第十四条　公立図書館に図書館協議会を置くことができる。
2　図書館協議会は、図書館の運営に関し館長の諮問に応ずるとともに、図書館の行う図書館奉仕につき、館長に対して意見を述べる機関とする。
第十五条　図書館協議会の委員は、学校教育及び社会教育の関係者、家庭教育の向上に資

する活動を行う者並びに学識経験のある者の中から、教育委員会が任命する。
第十六条　図書館協議会の設置、その委員の定数、任期その他必要な事項については、当該図書館を設置する地方公共団体の条例で定めなければならない。

（入館料等）
第十七条　公立図書館は、入館料その他図書館資料の利用に対するいかなる対価をも徴収してはならない。
第十八条　削除
第十九条　削除

（図書館の補助）
第二十条　国は、図書館を設置する地方公共団体に対し、予算の範囲内において、図書館の施設、設備に要する経費その他必要な経費の一部を補助することができる。
2　前項の補助金の交付に関し必要な事項は、政令で定める。
第二十一条　削除
第二十二条　削除
第二十三条　国は、第二十条の規定による補助金の交付をした場合において、左の各号の一に該当するときは、当該年度におけるその後の補助金の交付をやめるとともに、既に交付した当該年度の補助金を返還させなければならない。
一　図書館がこの法律の規定に違反したとき。
二　地方公共団体が補助金の交付の条件に違反したとき。
三　地方公共団体が虚偽の方法で補助金の交付を受けたとき。

第三章　私立図書館

第二十四条　削除

（都道府県の教育委員会との関係）
第二十五条　都道府県の教育委員会は、私立図書館に対し、指導資料の作製及び調査研究のために必要な報告を求めることができる。
2　都道府県の教育委員会は、私立図書館に対し、その求めに応じて、私立図書館の設置及び運営に関して、専門的、技術的の指導又は助言を与えることができる。

（国及び地方公共団体との関係）
第二十六条　国及び地方公共団体は、私立図書館の事業に干渉を加え、又は図書館を設置する法人に対し、補助金を交付してはならない。
第二十七条　国及び地方公共団体は、私立図書館に対し、その求めに応じて、必要な物資の確保につき、援助を与えることができる。

（入館料等）
第二十八条　私立図書館は、入館料その他図書館資料の利用に対する対価を徴収することができる。

（図書館同種施設）
第二十九条　図書館と同種の施設は、何人もこれを設置することができる。
２　第二十五条第二項の規定は、前項の施設について準用する。

附則抄

1　この法律は、公布の日から起算して三月を経過した日から施行する。但し、第十七条の規定は、昭和二十六年四月一日から施行する。

索 引

■アルファベット
KJ法　76
Learning to be（書名）　13
learning to be　14
NGO　120
NPO　27, 31, 34, 69, 105, 120, 173
　——法人　121
OECD（経済協力開発機構）　10, 11, 16, 17

■ア行
アージリス（Argris, C.）　80
新しい公共　117, 118, 168, 175
　——性　172
新しい時代を切り拓く生涯学習の振興方策について　23, 164, 179
アンドラゴジー　58, 62, 63, 64, 75, 97, 98, 162
生きる力　168
意識変容　133
　——の学習　67, 77
異年齢集団　142
イリッチ（Illich, I.）　18
インフォーマルな教育　21, 23, 24
ウェンガー（Wenger, E.）　69, 70, 98, 100
栄養士　89, 90
エリクソン（Erikson, E. H.）　53, 54
遠隔高等教育機関　158
遠隔通信教育　156, 158

■カ行
解放的関心　72
解放的知識　72
学芸員　29, 34
格差　18, 155, 156
　——是正　156
学社連携　147, 150, 151
学習課題論・学習内容編成論　97
学習活動とボランティア活動の循環的発展　137
学習支援者　77
学習社会　13, 15, 19, 44, 49

学習する組織　40, 41, 100
学習成果の社会的活用　156, 163, 165, 166
学習の4本柱　14, 22
『学習：秘められた宝』（書名）　14, 18, 34
学歴　14, 158, 159
　——格差　158
　——社会　14, 160
学校・家庭・地域の連携　25, 28
学校教育と社会教育の融合　152
学校支援ボランティア　147
カファレラ（Caffarella, R. S.）　96
技術的関心　71
技術的合理性　81, 99, 110, 176
技術的熟達者　99
キャリア教育　37, 38, 39, 40
協働　174
クラントン（Cranton, P. A.）　50, 64, 65, 67, 68, 71, 72, 77, 78, 80, 81, 82
経験開発の技法　75
健康学習　87, 89, 101
現代消費社会　117, 142
公共性　131, 155
公的社会教育　28, 31
公民館　27, 29
　——主事　29, 34, 86, 89, 90, 104
コーディネーター　104
「こどものまち」　143
コンピテンシー　159

■サ行
サービス・ラーニング　146
再帰型学習　134
参加型学習　75
参画　142
識字　30
自己形成空間　141
自己決定学習　97
自己決定型学習　63, 65, 66, 77, 78
自己決定性　59
自己実現　49, 61

209

自己評価　161, 179
司書　29, 34
実行委員会形式　88
実践コミュニティ　98, 100, 133
実践的関心　72
実践的知識　72
実践と省察のサイクル　96, 107, 168
指定管理者　29, 31, 105
　　──制度　174
シティズンシップ教育　145
シミュレーション　76
社会教育　21, 27, 28, 30, 169, 170
　　──関係職員　104
　　──関連施設の職員　104
　　──行政　11, 25
　　──施設　27, 29, 86
　　──実践　87
　　──主事　91, 105
　　──主事講習　178
社会人基礎力　159
社会人特別選抜入試　112
社会体育施設　29
社会力　143
集会活動　88
主体性　17
ジュルピ（Gelpi, E.）　18
生涯学習　10
　　──の理念　12
生涯教育　11, 17, 18, 21, 30
　　──論　12
　　──論と成人発達研究　97
状況的学習　123
省察　43, 76, 134
省察的実践　111
　　──者（reflective practitioner）　79, 80, 99
　　──論　82, 98
ショーン（Schön, D. A.）　80, 81, 98, 109, 176
職業教育　18, 37, 38, 39, 40
女性教育施設　27, 29, 34
新自由主義　18, 31

シンポジウム　77
青少年教育施設　27, 29
青少年施設　34
成人学習論　96
正統的周辺参加　70, 142
センゲ（Senge, P. M.）　41
専門職教育　98
相互決定型学習　78
相互主体性　98
相互主体的な学習過程論・実践分析論　97
相互評価　161, 162, 179
創造　119
ソーシャル・キャピタル　125, 126

■タ行
大学　106
　　──と地域の連携　112
第三セクター　118
第三段階の教育　17
ダイバーシティ　41
他者決定型学習　78
玉川大学通信教育部　24, 158
男女共同参画　36
地域コミュニティ　142
知識基盤社会　13, 25
知の循環型社会　25, 26, 50
中間支援組織　27
伝承　119
伝統的な共同体　116, 142
道具的知識　71
特定非営利活動法人　121
図書館　27, 29, 34
ドロール（Delors, J.）　14, 18, 34

■ナ行
仲間集団　142
ネイチャーゲーム　76
ネットワーク　34, 125, 126
ネットワーク型行政　168, 172, 179
ノールズ（Knowles, M. S.）　50, 58, 59, 60, 61,

162
ノンフォーマルな教育　21, 23, 24

■ハ行
ハーバーマス（Habermas, J.）　71, 96
ハヴィガースト（Havighurst, R. J.）　51, 52, 54
博物館　27, 29, 34
バズ・セッション　77
発達課題　51, 59, 61
ハッチンス（Hutchins, R. M.）　13, 49
パットナム（Putnam, R.）　125
話し合い学習　87
パネル・ディスカッション　77
ピア・グループ→仲間集団
非状況的学習　123
評価　155, 166, 167
ファシリテーター　77, 78
フィールドワーク　76
フール（Houle, C. O.）　70
フォーマルな教育　21, 23
フォール・レポート　13
婦人学級　87
ふり返り　76, 82
ブリコラージュ　180
ブルックフィールド（Brookfield, S.）　96
フレイレ（Freire, P.）　18
ブレーンストーミング　76
放課後子どもプラン　144
冒険遊び場　144
放送大学　24, 158
保健師　89, 90
ボランティア　28, 69, 72, 105
　――活動　11, 130

■マ行
まちづくりの拠点としての学校　150
学びあうコミュニティ　86, 104, 177
　――のコーディネーター　178
民間非営利組織　118, 120

メジロー（Mezirow, J.）　67, 96
メリアム（Merriam, S. B.）　96

■ヤ行
夜間中学校　157, 166
ユネスコ（国連教育科学文化機構）　10, 11, 12, 13, 14, 15, 16, 17, 19, 22
ユング（Jung, C. G.）　56

■ラ行
ライフサイクル　54
　――論　53, 54, 55
ラウンドテーブル　82, 109, 114
ラングラン（Lengrand, P.）　12, 18, 49, 98
リカレント教育　10, 11, 16
力量形成　108
レイヴ（Leve, J.）　69, 70
レヴィ・ストロース　180
レビンソン（Levinson, D. J.）　54, 56
ロールプレイ　76

■ワ行
ワークショップ　64, 75
わざ（art）　81

211

■執筆者紹介（掲載順 2012年2月現在）

中村　香（なかむら　かおり）　編著者、第1部

1968年、バンコク生まれ。多国籍企業に約10年間勤めた後、英国のバーミンガム大学に留学し、Master of Artsを取得。帰国後、お茶の水女子大学人間文化創成科学研究科（博士後期課程）で研究し、2007年に博士（学術）を取得。現在、玉川大学教育学部准教授。専門は、生涯学習論、組織学習論、成人学習論、社会教育学。
〈主な著訳書〉
『学習する組織とは何か』（鳳書房、2009年）、『学びあうコミュニティを培う』（共著、東洋館出版社、2009年）、『学校・家庭・地域の連携と社会教育』（共著、東洋館出版社、2011年）、『成人女性の学習』（共訳、鳳書房、2009年）ほか。

西原亜矢子（にしはら　あやこ）　第2部

札幌生まれ東京育ち。金融機関勤務後、埼玉大学教育学部社会教育総合課程編入学、お茶の水女子大学大学院人間文化研究科（博士後期課程）を単位取得満期退学。現在、新潟大学医学部保健学科特任助教。専門は、生涯学習論・社会教育学、成人学習論、健康に関わる対人援助専門職の力量形成。
〈主な著訳書〉
『学びあうコミュニティを培う』（共著、東洋館出版社、2009年）、『おとなの学びを創る』（共訳、鳳書房、2004年）、『省察的実践とは何か』（共訳、鳳書房、2007年）、『成人女性の学習』（共訳、鳳書房、2009年）ほか。

倉持伸江（くらもち　のぶえ）　第3部

東京都出身。2004年、お茶の水女子大学大学院人間文化研究科（博士後期課程）を単位取得満期退学。現在、東京学芸大学講師。専門は、社会教育学、成人教育学、生涯学習論。主に学習支援者の力量形成、省察的実践、実践コミュニティなどのテーマや社会教育実践研究などに取り組んでいる。
〈主な著訳書〉
『成人の学習』（共著、東洋館出版社、2004年）、『学びあうコミュニティを培う』（共著、東洋館出版社、2009年）、『成人期の学習』（共訳、鳳書房、2005年）、『省察的実践とは何か』（共訳、鳳書房、2007年）、『成人女性の学習』（共訳、鳳書房、2009年）ほか。

田中雅文(たなか　まさふみ)　第4部

1954年、兵庫県生まれ。東京工業大学大学院理工学研究科社会工学専攻（修士課程）修了。三井情報開発（株）総合研究所、国立教育研究所（現国立教育政策研究所）を経て、現在、日本女子大学人間社会学部教授。2010年に博士（学術）を取得。専門は、生涯学習論、社会工学。雑木林育成の市民活動にも取り組んでいる。
〈主な著訳書〉
『社会を創る市民大学』（編著、玉川大学出版部、2000年）、『「民」が広げる学習世界』（共編著、ぎょうせい、2001年）、『現代生涯学習の展開』（学文社、2003年）、『テキスト生涯学習』（共著、学文社、2008年）、『ボランティア活動とおとなの学び』（学文社、2011年）、『成人教育は社会を変える』（共訳、玉川大学出版部、2003年）ほか多数。

三輪建二(みわ　けんじ)　編著者、第5部

1956年、東京生まれ東京育ち。東京大学法学部を卒業後、これからは教育の時代と、同大学院の教育学研究科に進学。ドイツ留学の後、1993年に博士（教育学）を取得する。現在、お茶の水女子大学大学院人間文化創成科学研究科教授。専門は、社会教育学、生涯学習論、成人学習論。前お茶の水女子大学附属中学校長。
〈主な著訳書〉
『ドイツの生涯学習』（東海大学出版会、2004年）、『おとなの学びを育む』（鳳書房、2009年）、『学びあうコミュニティを培う』（共著、東洋館出版社、2009年）、『生涯学習の理論と実践』（放送大学教育振興会、2010年）、『おとなの学びを拓く』（共訳、鳳書房、1999年）、『成人教育の現代的実践』（監訳、鳳書房、2002年）、『省察的実践とは何か』（監訳、鳳書房、2007年）、『変革を生む研修のデザイン』（監訳、鳳書房、2010年）ほか多数。

生涯学習社会の展開

2012年2月25日　初版第1刷発行
2020年6月25日　初版第4刷発行

編著者―――中村　香
　　　　　　三輪建二
発行者―――小原芳明
発行所―――玉川大学出版部
　　　　　〒194-8610　東京都町田市玉川学園6-1-1
　　　　　TEL 042-739-8935　FAX 042-739-8940
　　　　　http://www.tamagawa.jp/up/
　　　　　振替：00180-7-26665

印刷・製本――日新印刷株式会社

乱丁・落丁本はお取り替えいたします。
ⓒ Kaori Nakamura, Kenji Miwa 2012　Printed in Japan
ISBN978-4-472-40449-8 C3037 / NDC379